수의사와 보호자가 함께 보는

반려동물 아틀라스 시리즈 2판

고양이

Pet Owner Educational Atlas:

CATS

서울대학교 수의과대학 교수 **윤화영** 감수

일산동물의료원 **정나래** 옮김

범문에듀케이션

This edition of **PET OWNER EDUCATIONAL ATLAS. Cats. 2nd Edition** is published by arrangement with **Grupo Asis Biomedia, S.L.**

English edition:
© 2021 Grupo Asís Biomedia, SL
Plaza Antonio Beltrán Martínez nº 1, planta 8 - letra I
(Centro empresarial El Trovador)
50002 Zaragoza - Spain

Warning:

Veterinary science is constantly evolving, as are pharmacology and the other sciences. Inevitably, it is therefore the responsibility of the veterinary surgeon to determine and verify the dosage, the method of administration, the duration of treatment and any possible contraindications to the treatments given to each individual patient, based on his or her professional experience. Neither the publisher nor the author can be held liable for any damage or harm caused to people, animals or properties resulting from the correct or incorrect application of the information contained in this book.

Original version ISBN: 978-84-18339-51-6
Translated version ISBN: 979-11-5943-384-9

Publication Date in Korea: April 17, 2023
Translated by Panmun Education Co., Ltd
Printed in Korea

머리말

이 아틀라스의 초판은 출판된 이후로 늘 내가 병원에서 활용해 오고 있다. 보호자들에게 그들의 고양이가 앓고 있는 질병에 대한 일러스트를 보고 진단 및 치료에 필요한 과정들을 충분히 이해하도록 하는 데 도움이 되었기 때문이다.

새로운 에디션이 왜 필요할까? 고양이 의학은 계속 변하고 있기 때문에 이에 맞게 아틀라스도 업데이트가 필요했다. 두 번째 에디션은 급성 및 만성 통증 평가를 위한 새로운 지침과 내원 시와 입원 시 또는 집에서 보호자들이 어떤 부분을 잘 모니터링해야 하는지에 대한 내용이 포함되어 있다.

고양이에서 비뇨기학은 특히 중요하여 우리는 요관폐색을 치료하기 위한 SUB (subcutaneous ureteral bypass)와 같은 새로운 치료법들을 추가하였다. 치과 파트에서는 임상에서 60% 이상의 고양이들이 겪고 있는 치주 질환과 치아 흡수 질환에 대해서 포괄적으로 설명하고 있다. 또한, 새롭게 신체 컨디션과 근육량을 평가하는 내용도 포함하였다. 요약하자면 이 업데이트된 신판 아틀라스는 수의임상에서 매우 핵심적인 역할을 할 것이라 생각한다.

이 책이 나에게 도움이 되었던 만큼 여러분들에게도 도움이 되기를 바란다.

María Luisa Palmero
Director of the Gattos Hospital
AVEPA-accredited in Feline Medicine
Specialist in Endoscopy and Minimally Invasive Surgery (SpecEaMIS)

차례

01 해부 및 생리

1 고양이의 뼈대 7
2 고양이의 근육 8
3 고양이의 복강 장기 9
4 심장호흡기계 10

지침

5 비만도와 근육 질량 지수 11
6 표정에 따른 통증 척도(찡그림 척도) 12

02 주요 전신 상태

근골격계

7 골관절염 13
8 통증을 확인하는 방법 14
9 고관절 이형성 15
10 엉치꼬리탈구 16

비뇨기계

11 만성신장질병(CKD) 17
12 급성신부전(ARF) 18
13 신우신염 19
14 백합 중독 20
15 전신 고혈압(SH) 21
16 요관 폐색 22
17 요관 폐색의 해소 방법 23
18 다낭성 신장 질병(PKD) 24
19 고양이 하부요로기계 질병(FLUTD) 25
20 회음요도절개술 26

생식기계

21 암컷 고양이의 발정 주기 27
22 중성화 28
23 자궁축농증 29
24 잔존난소증후군 30
25 유선종양 31

심장호흡기계

26 고양이의 단두증 32
27 코인두 폴립 33
28 비대심근병증 34
29 제한심근병증 35
30 확장심근병증 36
31 동맥 혈전색전증 37
32 고양이의 기침 38
33 고양이의 천식 39
34 기흉 40
35 흉수 41
36 횡격막 탈장 42

내분비계

37 갑상샘기능항진증 43
38 고양이 당뇨병 44
39 말단비대증 45
40 비만 46

피부와 부속기관

41 고양이의 피부 구조 47
42 발톱의 특징 48
43 고양이 여드름 49
44 고양이 과민증 50
45 고양이 호산구성 육아종 51
46 탈모 52
47 페르시안과 히말라얀 고양이의 특발성 얼굴 피부염 53
48 백선증 54
49 고양이 옴진드기 55
50 귀진드기에 의한 이염 56
51 피부종양 57
52 고양이에서의 외부기생충 58

치과

53 하악의 병변 59
54 고양이의 치아 60
55 치주질병 61
56 고양이 치아흡수성 병변 62
57 고양이 만성 치은구내염 63

소화기계

58 고양이 위장관염증성 질병 64
59 저등급 림프종 65

60 지방간증 66
61 담관염 67
62 췌장염 및 세동이염 68
63 털 위석에 의한 장폐색 69
64 거대결장 70
65 가장 흔한 고양이 장내 기생충 71

신경계
66 중추, 말초 및 자율신경계 72

눈
67 안구의 구조 73
68 각막 궤양과 각막염 74

03 감염성 질병
69 톡소포자충증 75
70 고양이 전염성 복막염(FIP) 76
71 고양이 백혈병(FeLV) 77
72 고양이 면역결핍(FIV) 78
73 고양이 범백혈구감소증 79
74 고양이 허피스바이러스 80
75 고양이 칼리시바이러스 81
76 전신 유독성 칼리시바이러스 82
77 고양이 클라미디아증 83

04 특별 기술
78 영양공급관 84
79 골수 천자법 85
80 요도 카테터와 방광천자 86
81 흉부 배액 87
82 뇌척수액 천자 88
83 약물을 적용하는 방법 89

05 행동학 및 관리
84 고양이의 표현과 자세 90
85 신생고양이 관리 91

1 고양이의 뼈대 _Skeleton of the cat

들섬유, 연골, 윤활 관절들 _Fibrous, cartilaginous and synovial joints

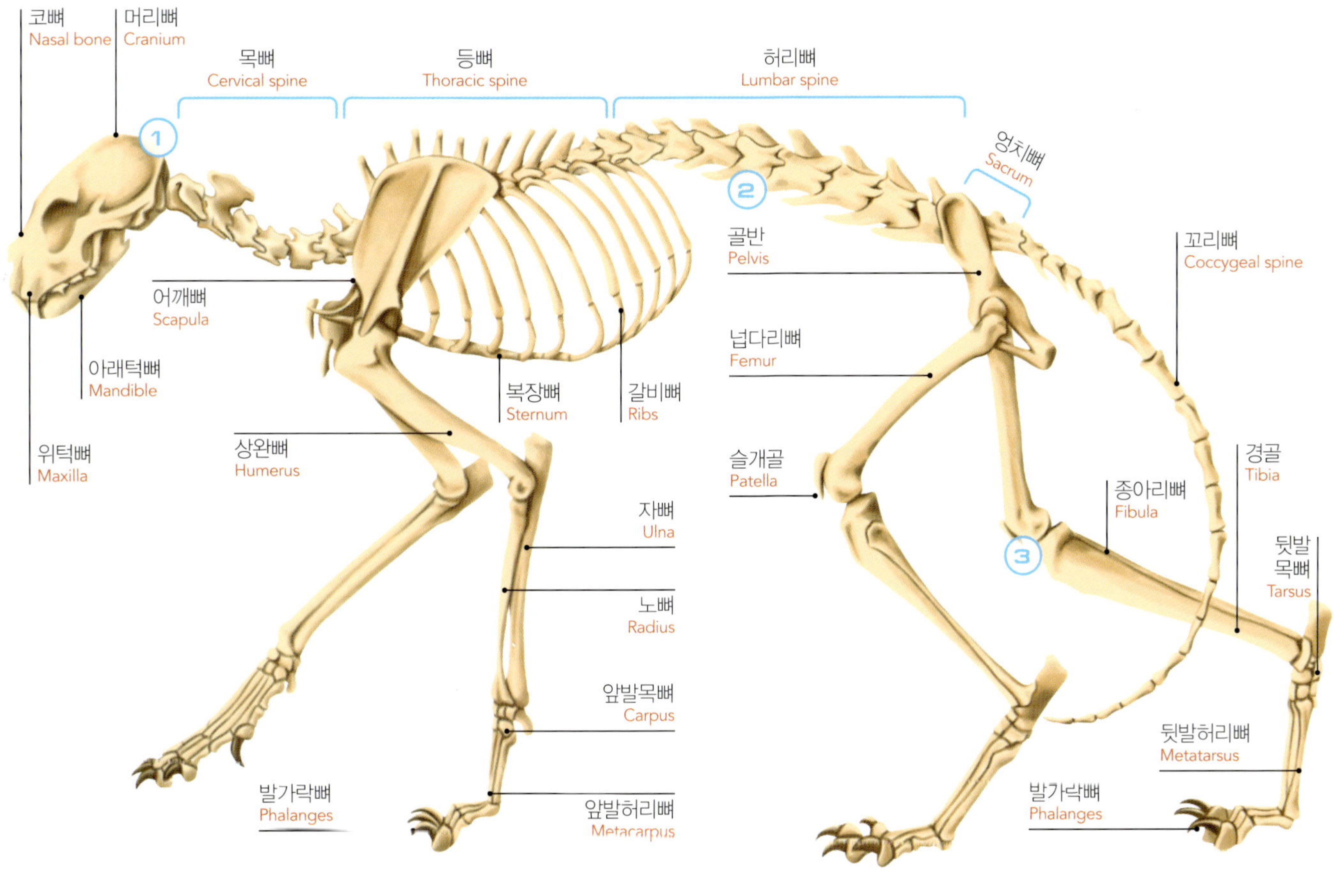

① **섬유관절**(머리뼈봉합)
FIBROUS JOINT(cranial sutures)

② **연골관절**(척추사이 관절)
CARTILAGINOUS JOINT(intervertebral joints)

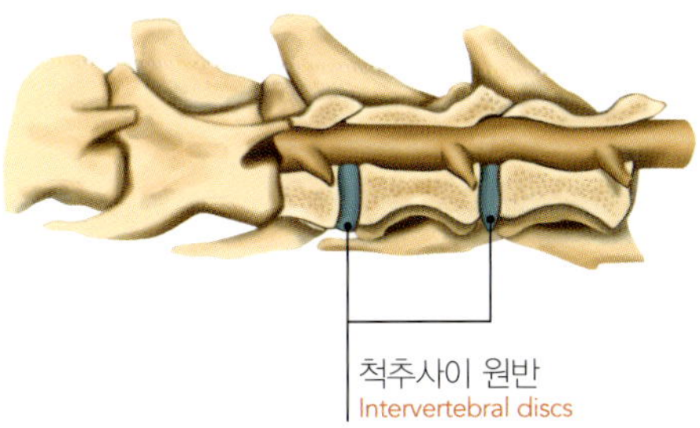

③ **윤활관절**(무릎관절, 앞다리굽이관절, 어깨관절, 엉덩관절 등)
SYNOVIAL JOINT(stifle, elbow, shoulder, hip, etc.)

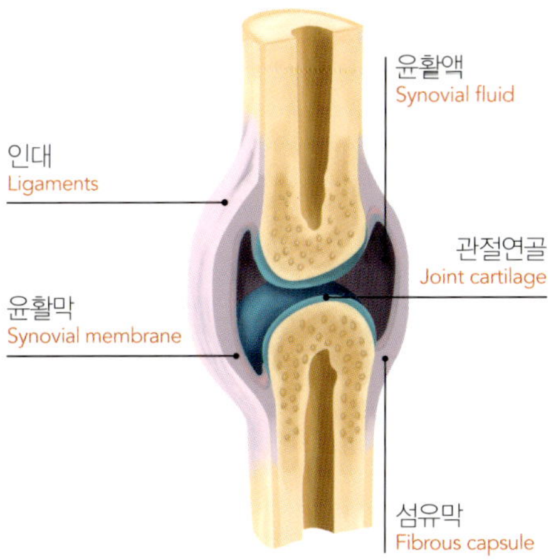

2 고양이의 근육 _Muscles of the cat

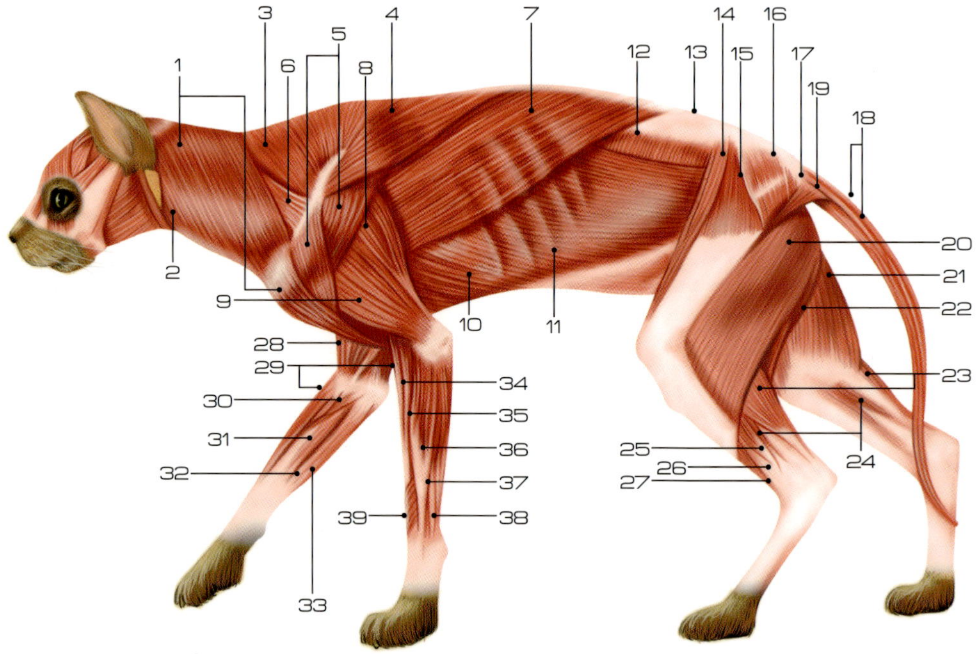

1. 상완머리근(빗장머리근과 빗장상완근)
   Brachiocephalic muscle (cleidocephalicus and cleidobrachialis)
2. 복장머리근
   Sternocephalic muscle
3. 등세모근(목부분)
   Trapezius muscle (cervical part)
4. 등세모근(가슴부분)
   Trapezius muscle (thoracic part)
5. 어깨세모근
   Deltoid muscle
6. 어깨가로돌기근
   Omotransversarius muscle
7. 넓은등근
   Latissimus dorsi muscle
8. 상완세갈래근(긴갈래)
   Triceps brachii muscle (long head)
9. 상완세갈래근(가쪽갈래)
   Triceps brachii muscle(lateral head)
10. 깊은가슴근
    Deep pectoral muscle
11. 배바깥빗근
    Abdominal external oblique muscle
12. 배속빗근
    Abdominal internal oblique muscle
13. 등허리근막
    Thoracolumbar fascia
14. 넙다리빗근
    Sartorius muscle
15. 넙다리근막긴장근
    Tensor fasciae latae muscle
16. 중간볼기근
    Gluteus medius muscle
17. 얕은볼기근
    Gluteus superficialis muscle
18. 엉치꼬리근
    Sacrocaudal muscles
19. 꼬리넙다리근
    Caudofemoralis muscles
20. 넙다리두갈래근
    Biceps femoris muscle
21. 반막근
    Semimembranosus muscle
22. 반힘줄
    Semitendinosus muscle
23. 장딴지근
    Gastrocnemius muscle
24. 깊은발가락굽힘근
    Deep digital flexor muscle
25. 가쪽발가락폄근
    Lateral digital extensor muscle
26. 긴종아리근
    Peroneus longus muscle
27. 앞정강근
    Tibialis cranialis muscle
28. 상완두갈래근
    Biceps brachii muscle
29. 상완노근
    Brachioradialis muscle
30. 원엎침근
    Pronator teres muscle
31. 노쪽앞발목폄근
    Extensor carpi radialis muscle
32. 노쪽앞발목굽힘근
    Flexor carpi radialis muscle
33. 얕은발가락굽힘근
    Superficial digital flexor muscle
34. 노쪽앞발목폄근
    Extensor carpi radialis muscle
35. 온발가락폄근
    Extensor digitorum communis muscle
36. 가쪽발가락폄근
    Extensor digitorum lateralis muscle
37. 자쪽앞발목폄근
    Extensor carpi ulnaris muscle
38. 자쪽앞발목굽힘근
    Flexor carpi ulnaris muscle
39. 발가락외전근
    Digital abductor muscle

얼굴근육 _Muscles of the face

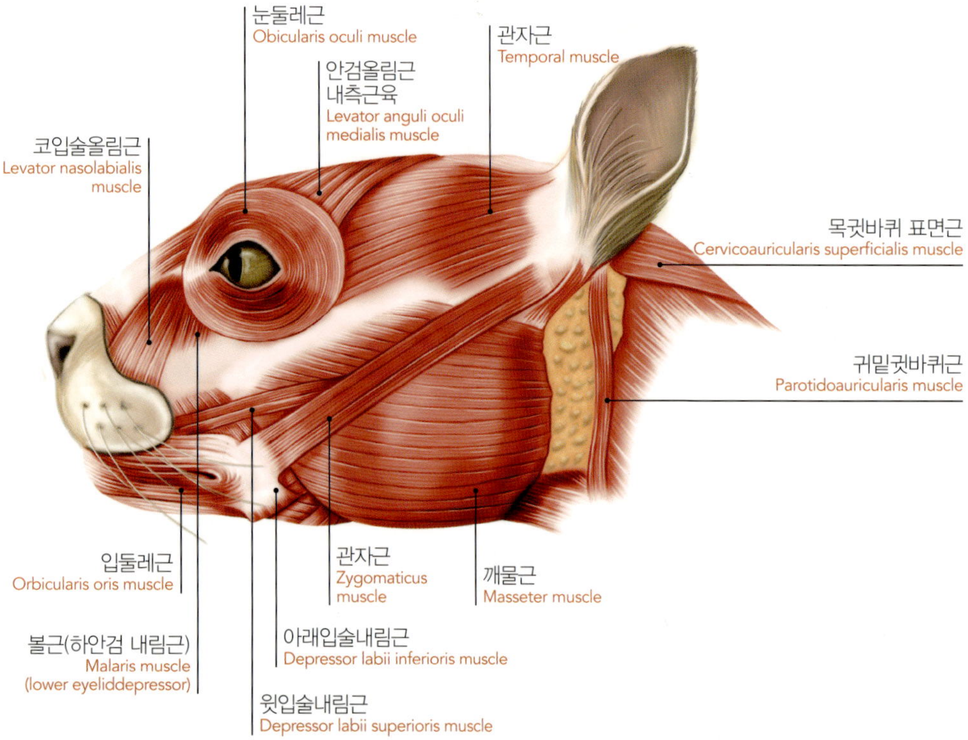

3 고양이의 복강 장기 _Abdominal organs of the cat

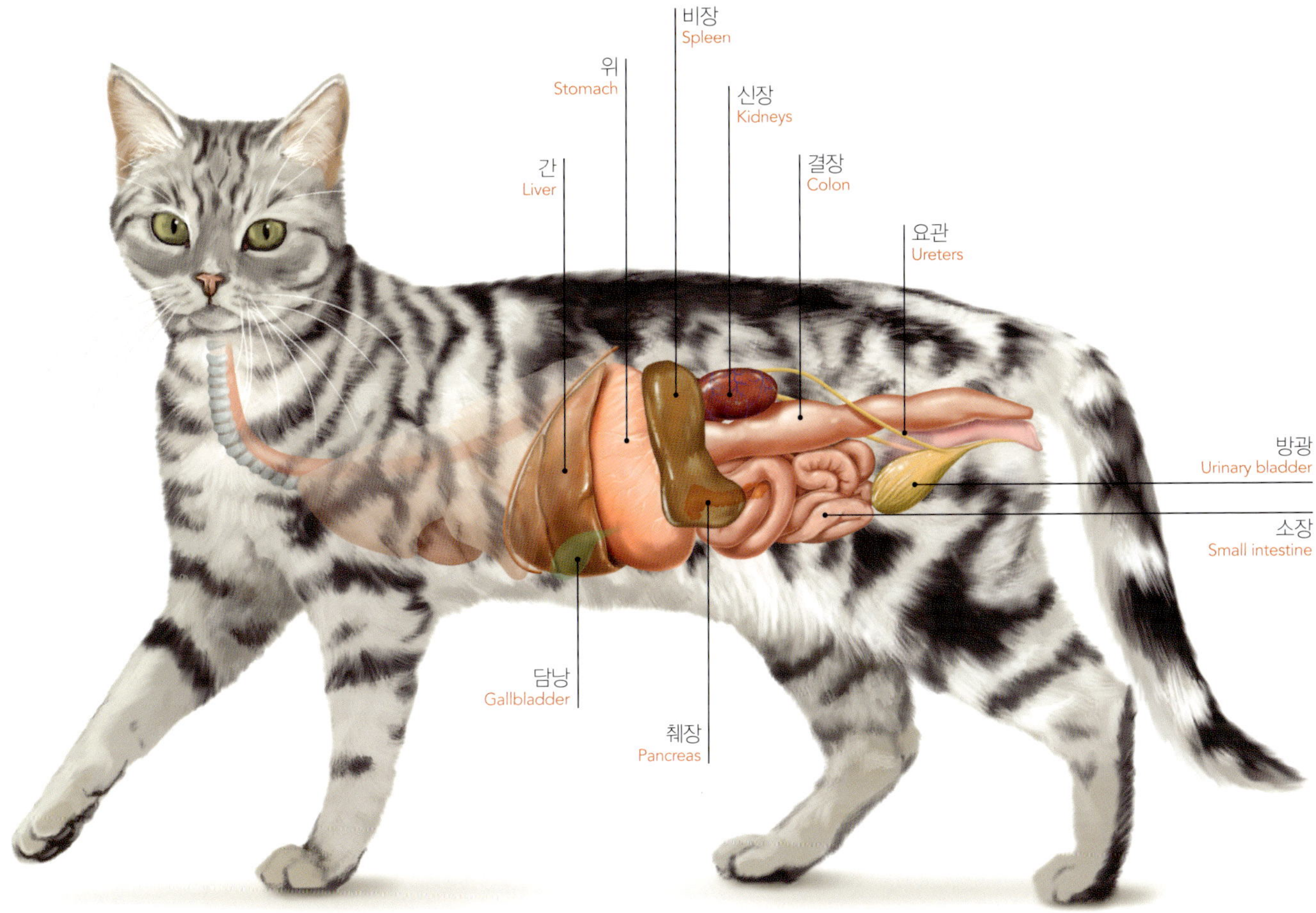

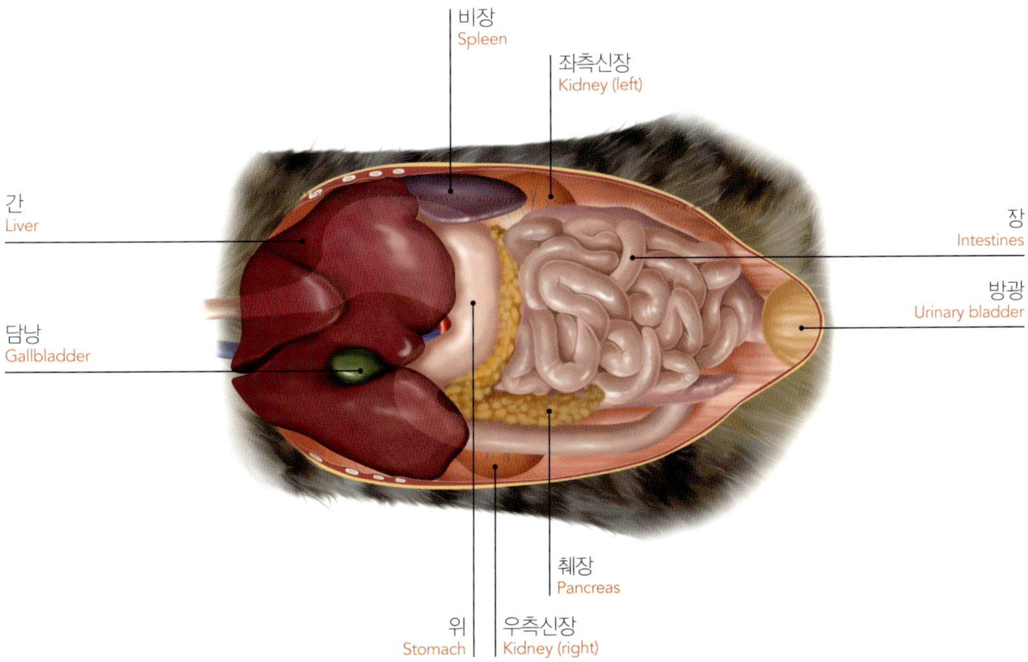

4 심장호흡기계 _Cardiorespiratory system

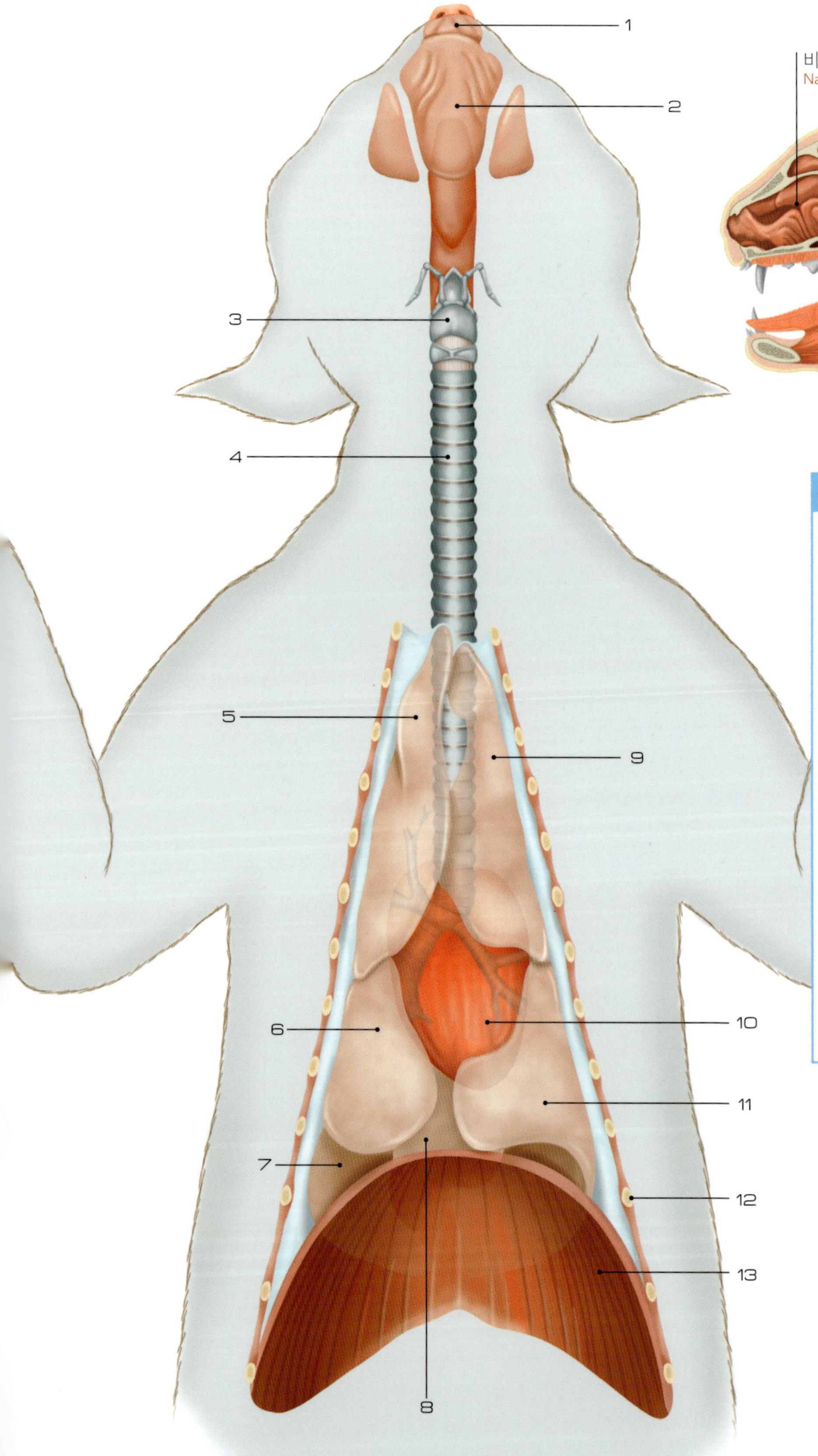

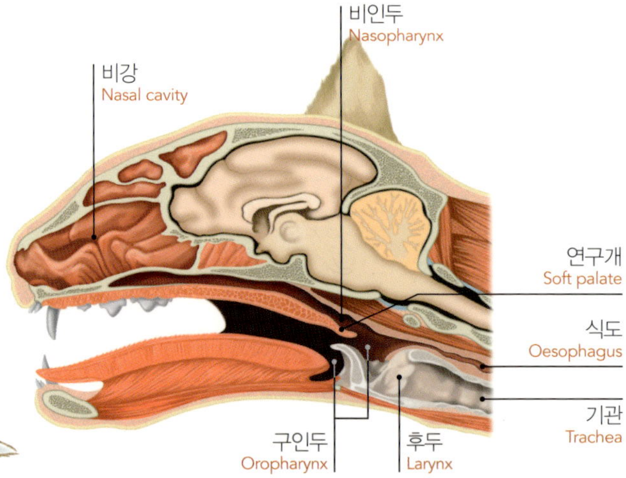

혈류 순환

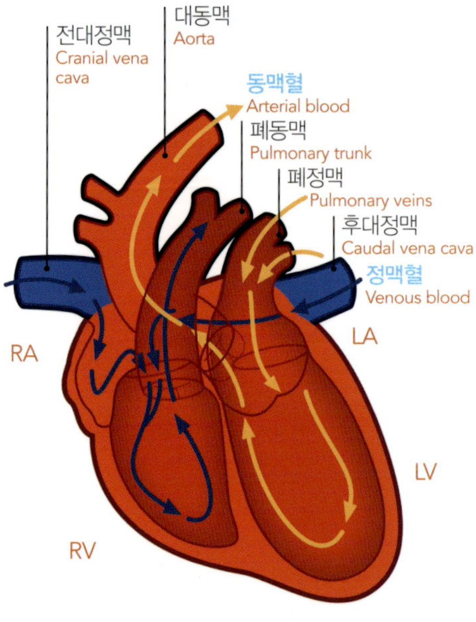

1. 코
Nose
2. 비강
Nasal cavity
3. 후두
Larynx
4. 기관
Trachea
5. 우측폐, 전엽
Right lung, cranial lobe
6. 우측폐, 중엽
Right lung, middle lobe
7. 우측폐, 후엽
Right lung, caudal lobe
8. 우측폐, 덧엽
Right lung, accessory lobe
9. 좌측폐, 전엽
Left lung, cranial lobe
10. 심장
Heart
11. 좌측폐, 후엽
Left lung, caudal lobe
12. 갈비뼈
Ribs
13. 횡격막
Diaphragm

지침 _Guidelines

5 비만도와 근육 질량 지수 _Body condition and muscle mass index

비만도 _Body condition

1, 2 매우 마름	3, 4 마름	5 적당	6, 7 과체중	8, 9 비만
■ 갈비뼈가 육안으로 보임 ■ 복부지방이 없음 ■ 척추뼈가 육안으로 보임	■ 갈비뼈가 매우 쉽게 촉진됨 ■ 복부지방이 없음 ■ 척추뼈가 쉽게 촉진됨	■ 적당한 복부지방과 좋은 비율을 가짐 ■ 선상의 실루엣, 복부가 불룩하지 않음	■ 갈비뼈가 쉽게 촉진되지 않음 ■ 두드러지는 복부지방 ■ 척추뼈 촉진이 어려움 ■ 둥근 실루엣	■ 갈비뼈가 촉진되지 않음 ■ 많은 복부지방 ■ 척추뼈 촉진이 거의 되지 않음 ■ 매우 둥근 실루엣

근육 질량 지수 _Muscle mass index

- 한 개체에서 골관절 및 영양결핍에 의한 과체중과 근육량 감소가 동반되거나, 높은 신체활동량에 따라 근육량은 좋으나 비만도의 저하가 동반될 수 있다. 따라서 두 요소를 모두 평가하는 것이 중요하다.
- 전신적인 근위축은 쇠약을 유발한다.
- 근육량 감소는 관절 병증을 시사한다.
- 치료는 식이변화, 진통, 재활을 포함한다.

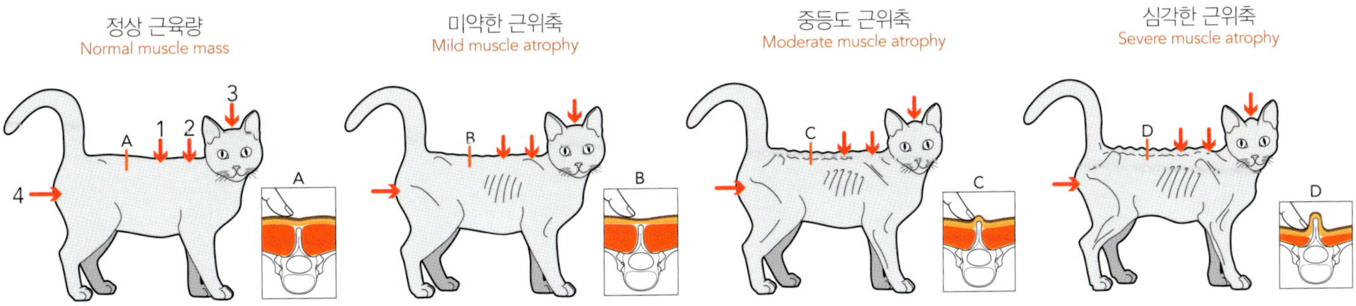

촉진 위치

1. 척주
2. 어깨
3. 머리
4. 좌골결절

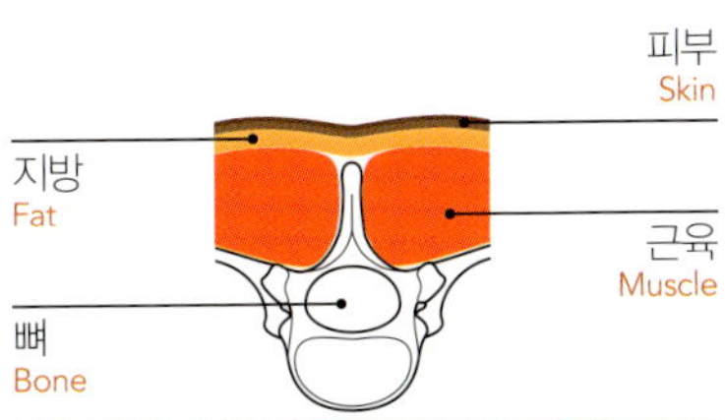

Based on the "Muscle Condition Score" (WSAVA) developed by Tufts University, 2013.

지침 _Guidelines

6 표정에 따른 통증 척도(찡그림 척도)
_Pain scale according to facial expression (grimace scale)

이 척도는 고양이에서 급성 통증을 인지하게 해주는 척도이며, acepromazine이나 buprenorphine으로 인해 진정되어 있거나, 마취에서 회복되는 중인 고양이에서도 사용될 수 있다. 2020년 시행된 연구에 기반해서 만들어졌다. (Clinical applicability of the Feline Grimace Scale)

척도의 사용 방법 _How to use the scale

얼굴 네 군데를 평가한다: 귀, 눈, 수염, 볼.
각 부위에 0, 1, 2 점수를 매겨서 전체 점수의 합을 평가한다.

- 4점 미만: 통증이 없음을 시사
- 4점 이상: 즉시 진통처치가 필요하다.
- 8점: 심한 통증

진통처치 후 효능을 확인하기 위해 고양이를 재평가해야 한다.

0 = 없음	1 = 중등도로 있음	2= 심하게 있음
 전방을 향하는 귀	 약간 벌어진 귀	 편평한 귀
 동그란 눈	 다소 감긴 눈	 가늘게 뜬 눈
 아래쪽으로 굽어진 수염	 위쪽으로 굽어지거나 쭉 뻗은 수염	 쭉 뻗고 분리된 수염
 둥글게 이완된 주둥이	 약간 긴장된 주둥이	 긴장된 주둥이(타원형)

0점(통증이 없음) _Score of 0 (no pain):

- 전방을 향하는 귀
- 동그란 눈
- 둥글게 이완된 주둥이
- 아래쪽으로 굽어진 수염

1점 (중등도의 통증) _Score of 1 (moderate pain):

- 약간 옆쪽으로 밀려난 귀
- 다소 감긴 눈
- 약간 긴장된 주둥이
- 위쪽으로 굽어지거나 쭉 뻗은 수염

2점 (심한 통증) _Score of 2 (severe pain):

- 편평한 귀
- 가늘게 뜬 눈
- 긴장된 주둥이(타원형)
- 쭉 뻗고 분리된 수염

근골격계 _Musculoskeletal system

7 골관절염 _Osteoarthritis

퇴행성 관절질환 _Degenerative joint disease

골관절염은 관절 통증보다 노령에 의한 것으로 여겨져 간과될 수 있다. 엉덩관절과 팔꿈치 관절에 가장 많이 나타나며, 동일 환자의 여러 관절에서 흔히 확인된다.

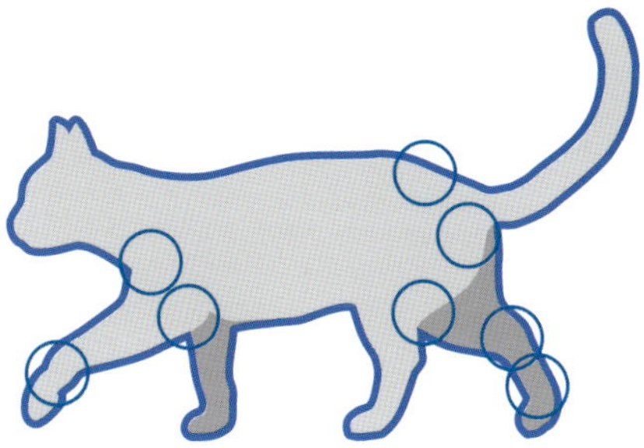

12년령 이상의 고양이 90%는 퇴행성 관절 질환의 증상을 나타낸다.

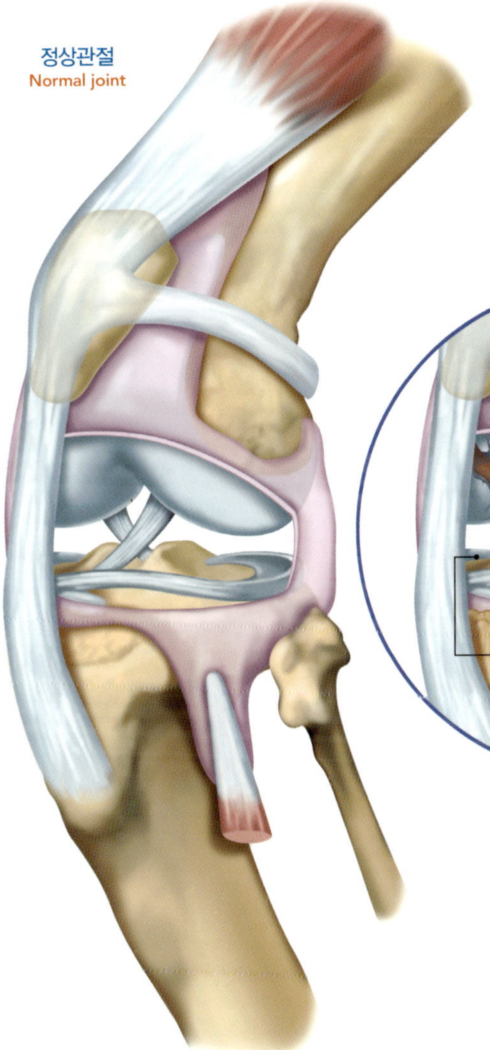

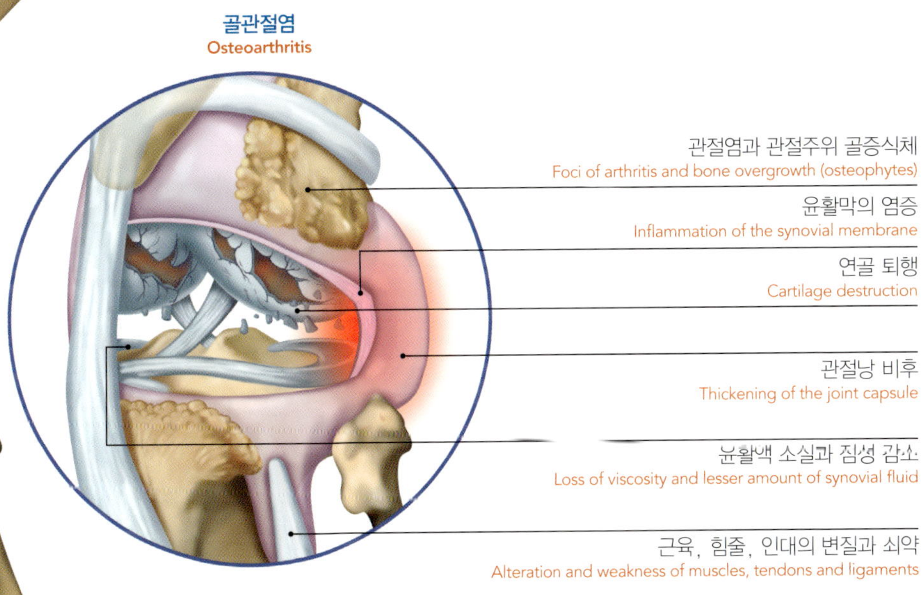

보호자가 알 수 있는 증상_What the owner sees

- 높은 곳에 올라가지 않거나 중간 디딤대를 사용함
- 뛰어내리기를 주저함
- 매일 하던 놀이활동을 하지 않는다.
- 이전과 달리 빗질이나 안기기를 싫어한다.
- 울음소리를 더 자주 낸다.
- 그루밍이 줄어든다.

내과적 처치

- 여러 형태의 진통 처치
- 재활치료
- Anti-NGF(신경성장인자) 단일클론성 항체 요법

식이요법

글리코사미노글리칸과 필수지방산이 많은 식이로 변경

권고사항

- 비만의 예방
- 환자의 기동성과 좋아하는 곳으로의 접근이 쉽도록 환경 개선

근골격계 _Musculoskeletal system

8 통증을 확인하는 방법 _How to detect pain

고양이는 관절 통증에 대해 파행을 보이기보다 행동의 변화를 보인다. 최근 연구에 따르면, 다음 질문들을 통해 골관절염을 진단하는 데 민감도가 99%, 정확도가 100%로 확인되었다고 한다.

정상적으로 점프하여 오를 수 있는가?

_Does your cat jump up normally?

이전에는 문제 없이 오르던 장소에서 오르기 전에 주저하는 모습을 보인다면, 통증반응을 시사할 수 있다.

정상적으로 점프하여 내려올 수 있는가?

_Does your cat jump down normally?

내려갈 때, 바닥과의 거리를 줄이기 위해 상체를 많이 기울이는 모습을 보인다면, 통증반응을 시사할 수 있다.

정상적으로 달릴 수 있는가?

_Does your cat run normally?

정상적으로 계단을 오르내릴 수 있는가?

_Does your cat climb up or down stairs or steps normally?

정상적으로 놀이활동을 할 수 있는가?

_Does your cat play with objects normally?

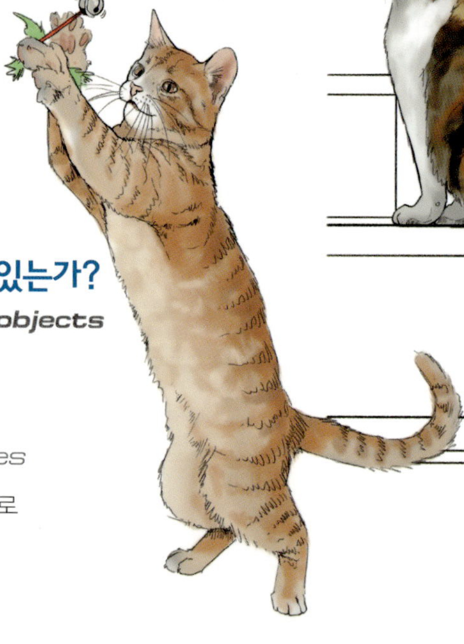

반응의 해석 _Interpretation of responses

이 중 어느 질문에라도 No라고 대답한다면, 골관절증으로 인한 영향을 평가하기 위해 관절 검사 및 방사선 검사를 실시해야 한다.

근골격계 _Musculoskeletal system

9 고관절 이형성 _Hip dysplasia

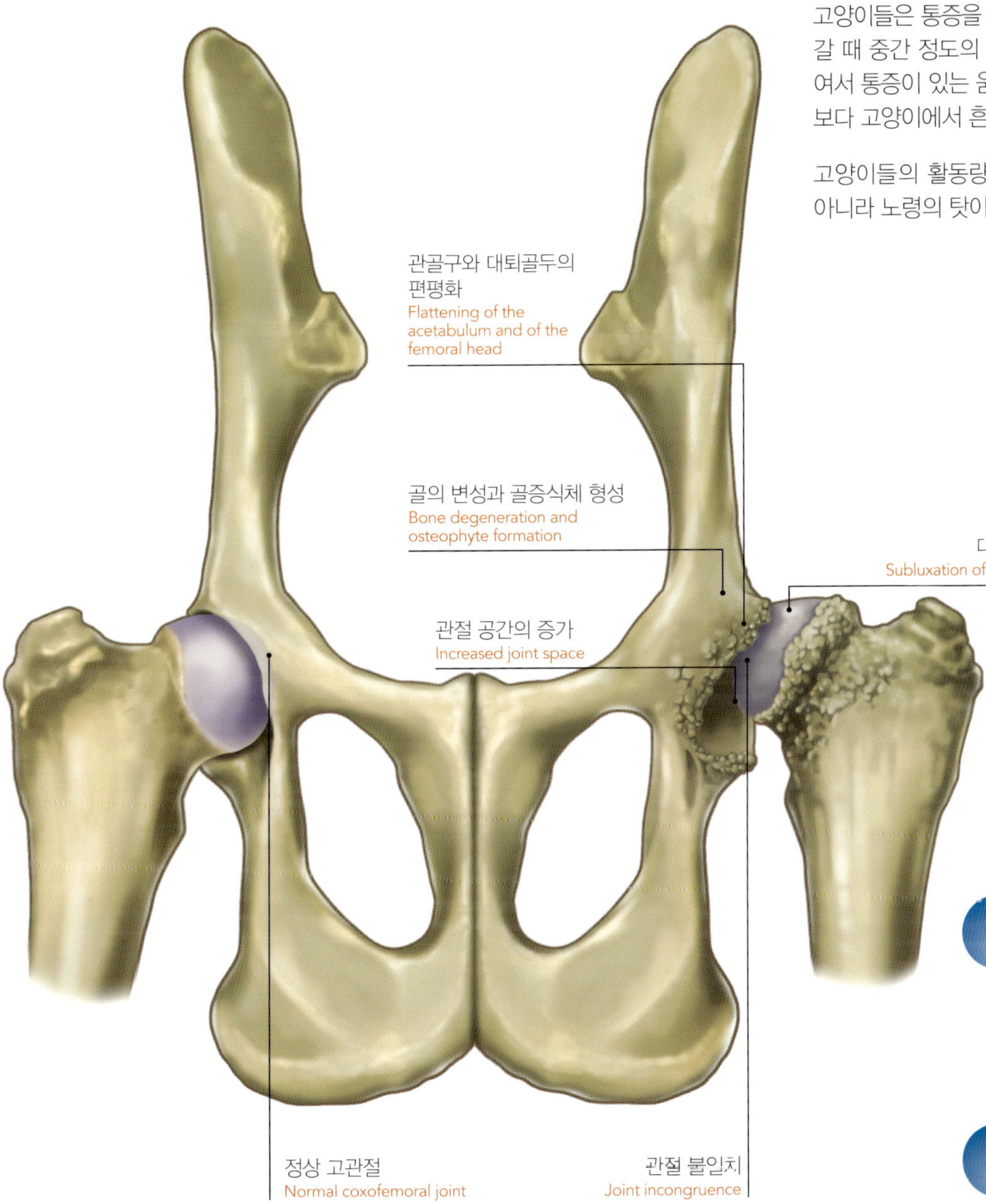

고양이들은 통증을 잘 숨기며, 좋아하는 공간에 올라갈 때 중간 정도의 걸음을 이용하거나, 활동량을 줄여서 통증이 있는 움직임을 잘 피하기 때문에 개에서보다 고양이에서 흔하지 않게 진단되는 질병이다.

고양이들의 활동량이 감소하는 것이 통증 때문이 아니라 노령의 탓이라고 간과되어진다.

어떤 고양이에서나 나타날 수 있지만 메인쿤, 페르시안, 히말라얀, 샴, 벵갈, 데본렉스, 아비시니안 품종에서 가장 호발한다.

골관절염에서의 치료와 동일하다.

임상증상 _Clinical signs

관절변화와 골관절염으로 고통받는 고양이에서 확인할 수 있는 것들:

- 걸을 때 후지가 뻣뻣하다.
- 가장 좋아하는 공간으로 점프할 때 어설픈 움직임을 보이거나 한 번의 점프로 높이 올라가지 못한다.
- 흔치 않게 파행이 나타난다.
- 활동량의 감소
- 뒷다리가 닿을 때 더 예민하게 반응한다.

근골격계 _*Musculoskeletal system*

10 엉치꼬리탈구 _*Sacrococcygeal luxation*

주요 원인 _*Usual causes*

- 갑작스러운 꼬리 당겨짐
- 교통사고
- 개 물림
- 그 밖의 외상(총상 등)

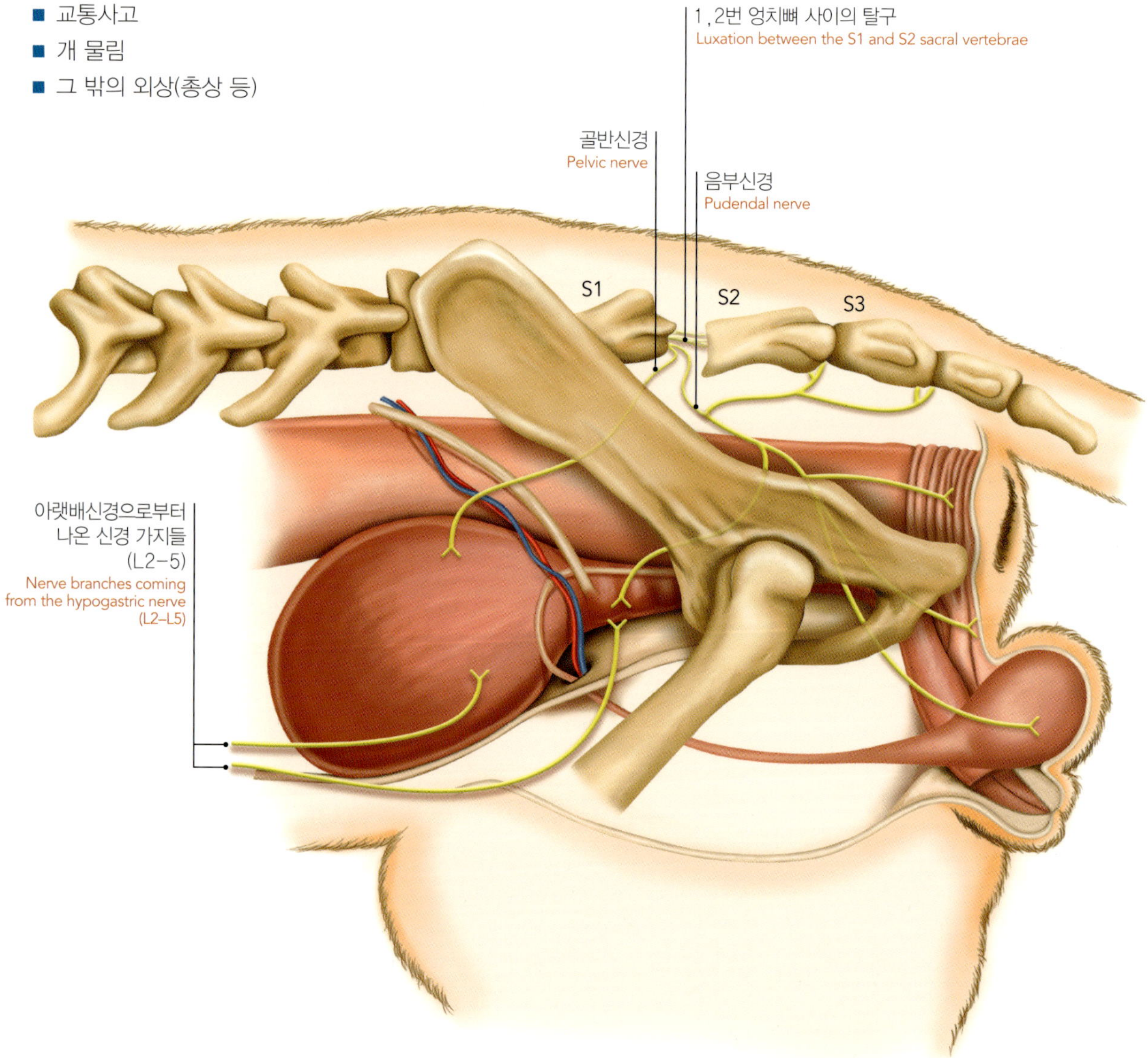

임상증상 _*Clinical signs*

- 다음과 같은 이유로 배뇨곤란(실금), 배변곤란, 음부감각 소실:
  - 음부신경의 병변: 항문과 요도조임근의 감각과 운동신경분포, 회음과 생식기관의 감각
  - 골반신경의 병변: 직장, 생식기, 방광의 배뇨근에 신경분포, 요실금
- 꼬리신경 병변으로 인한 꼬리의 이완 또는 마비(감각과 운동신경분포)
- 궁둥신경의 이차적 병발로 인한 뒷다리의 경도 혹은 중등도의 변화

비뇨기계 _Renal and urinary system

11 만성신장질병(CKD) _Chronic kidney disease (CKD)

고양이에서 가장 흔히 나타나는 질병 중 하나이다. 나이에 상관없이 발생할 수 있으나, 7~10년령의 나이에 발생률이 두 배로 높아진다. 고양이에서는 최소한 70%의 기능성 신장단위가 상실될 때까지 임상증상을 나타내지 않는다.

정확한 진단을 위해서는 혈액검사, 요검사, 요중 단백질크레아티닌 비율 검사, 요 배양, 혈압측정, 진단적 영상검사 같은 여러 검사들이 필요하다.

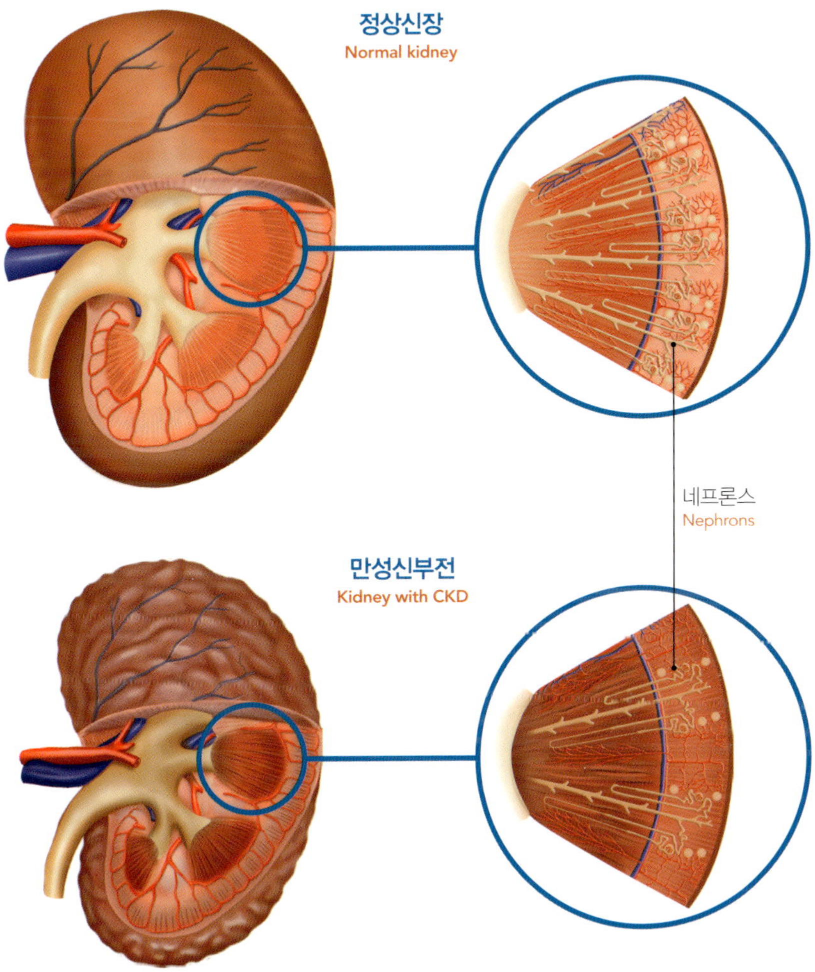

만성 신장 질병의 경과

1. 신장 손상
2. 신장단위의 수, 기능 감소
3. 사구체여과의 지속적인 감소
4. 요소와 크레아티닌과 다른 신장 배출물들의 농도 증가
5. 임상 증상의 발현: 다음/다뇨, 지속적인 체중감소, 만성 구토, 식욕 감퇴
6. 진행성이라면 사망을 초래할 수 있음

단계	혈청 크레아티닌
I	<1.6 mg/dl
II	1.6~2.8 mg/dl
III	2.9~5 mg/dl
IV	>5.0 mg/dl

IRIS (International Renal Interest Society) Guidelines 2016, revised in 2019.

만성신장질병의 원인

선천적

- 신장무형성, 이형성, 저형성
- 신장 아밀로이드증
- 고양이 다낭성 신장 질병

후천적

- 특발성 세관간질 신장염
- 깔때기 신장염
- 사구체신염
- 후천적 아밀로이드증
- 신장 독성물질
- 고칼슘혈증
- 수신증(만성 요관 폐색)
- 신장 림프종
- 급성신부전의 경과
- 고양이 감염성 복막염

비뇨기계 _Renal and urinary system

12 급성신부전(ARF) _Acute renal failure (ARF)

급성신부전(ARF)은 사구체 여과율의 감소를 동반하는 급성 신기능의 붕괴를 의미한다. 이로 인해 질소혈증, 전해질 불균형, 산염기 불균형을 유발한다.

원인 _Causes

- 전신성 급성신부전: 허혈(탈수, 저혈량증, 패혈증, 심부전, 저혈압) 또는 관류에 영향을 미치는 약물(NSAIDs, ACEIs)
- 신성 급성신부전: 요세관괴사(허혈, 독소), 신우신염, 사구체신염, 혈관염, 전신질환(FIP, 종양, 패혈증), 또는 치료되지 못한 전신성 급성신부전
- 신후성 급성신부전: 요관 또는 요도 폐색, 방광 또는 요관 파열

정상신장
Normal kidney

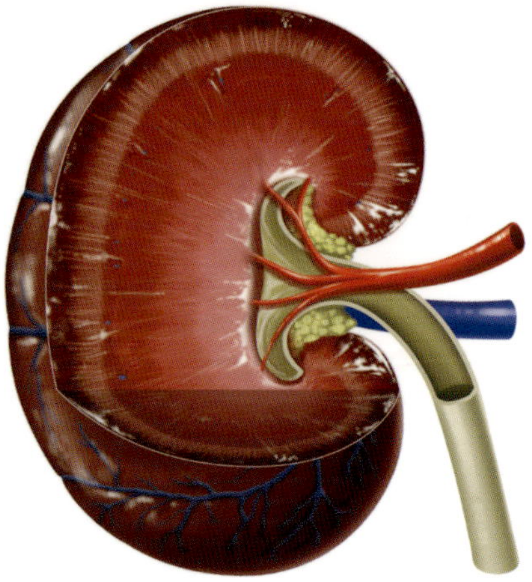

급성 신부전

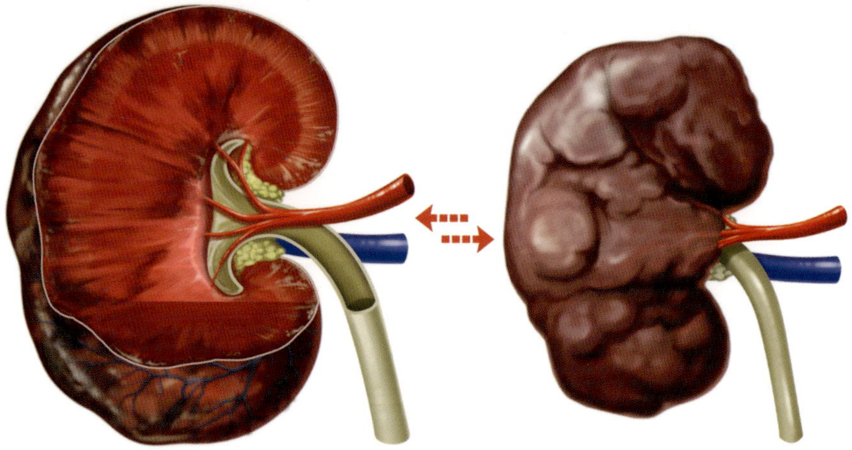

정상 혹은 종대된 신장이 급성신부전의 전형적인 증상이다.

작아진 신장은 만성신부전의 급성화를 의미한다.

- 급성신부전의 진행으로, 신장 기능의 온전한 회복이 이루어지지 못해 만성 신장 질병으로 이어진다.
- 흔히 고양이의 만성신부전은 관류 변화(탈수) 혹은 감염(신우신염)으로 인해 급성신부전으로 이어진다. 이 과정이 만성신부전의 급성화라고 알려져있다.

예후는 제한적이며, 사망률이 55%에 달한다.

진단 _Diagnosis

- 혈액검사: 다양한 정도의 질소혈증, 고칼륨혈증
- 요검사상 요단백: 크레아티닌 농도(UPC)와 배양
- 복부 초음파와 방사선: 진단에 중요

고칼륨혈증과 핍뇨가 높은 사망률과 연관이 있다.

단계	임상적 발현	혈청 크레아티닌
ARF I	질소혈증 없음	<1.6 mg/dl
ARF II	경미	1.7 – 2.5 mg/dl
ARF III	중등도	2.6 – 5 mg/dl
ARF IV	심함	5.1 – 10 mg/dl
ARF V	심함	>10 mg/dl

IRIS (International Renal Interest Society) Guidelines 2016, revised in 2019.

비뇨기계 _Renal and urinary system

13 신우신염 _Pyelonephritis

신우신염은 급성신부전의 흔한 원인 및 만성신부전의 악화 요인이다. 방광으로부터 혹은 혈류를 통한 상행감염으로 인해 신장의 세균 감염을 일으킨다.

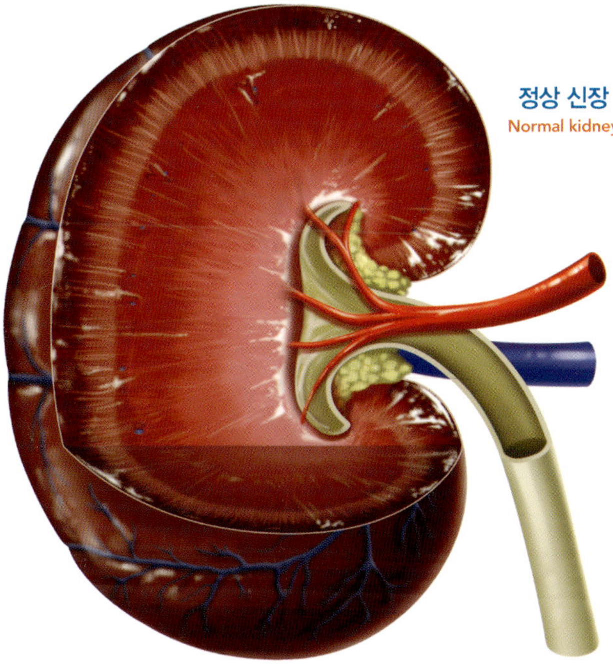

임상증상 _Clinical signs

- 급성 우울
- 신장 통증(통증을 확인하기 어렵다)
- 하부요로기 증상(부적절한 배뇨 및 배뇨곤란): 세균성방광염이 있는 경우 증상이 있을 수 있다.
- 열(드물다)

진단 _Diagnosis

- 요 배양
- 초음파 가이드의 신우 천자와 가능하면 배양

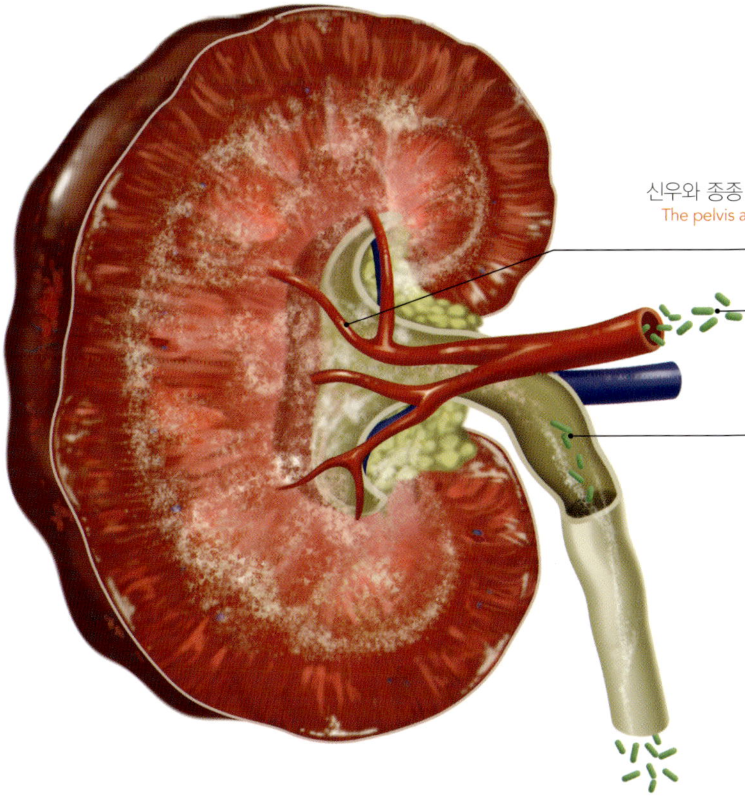

치료

14일간 항생제를 동반한 보조적인 치료가 필요하다(진통, 수액처치).

비뇨기계 _Renal and urinary system

14 백합 중독 _Lilium poisoning

백합속이나 원추리속에 속하는 식물의 섭취는 급성신부전으로 이어진다. 이 식물들은 세뇨관 괴사를 유발하는 독소를 포함하며, 아직 그 기전은 알려져 있지 않다. 심지어 매우 적은 양으로도 치명적일 수 있다.

식물의 어떤 부위라도 독성이 있을 수 있다: 꽃, 줄기, 잎, 뿌리. 꽃이 가장 독성이 많은 부위이다.

임상증상 _Clinical signs

- 식물 섭취 후, 12~36시간 내에 급성신부전의 증상이 나타난다.
- 급성 구토가 확인되며, 침울, 기력저하 및 과유연 증상이 나타난다.
- 감뇨증/무뇨증이 나타날 수 있다.
- 섭취한 양에 따라, 병발한 고양이는 3~5일 내에 사망할 수 있다.

경과 _Course

살아난 고양이는 다양한 정도의 만성신장 질병으로 진행된다.

치료

- 고양이가 독소에 노출되었고 구토가 없었다면, 구토 유발, 위 세척 또는 활성탄의 적용이 필요하다.
- 섭취 후 몇 시간이 이미 경과했다면, 반드시 입원하에 수액처치 및 대증치료를 해야 한다.
- 독소에 대한 뚜렷한 치료법은 없다.

비뇨기계 _Renal and urinary system

15 전신 고혈압 _Systemic hypertension (SH)

동맥혈압이 정상수치보다 지속적으로 높아지는 것을 의미한다. HDO장비로 측정한 수축기 동맥혈압 >140 mmHg, 도플러 초음파장비로 측정한 수축기 동맥혈압 > 160 mmHg이면 전신 고혈압을 나타낸다.

혈압은 동물이 진료실에 들어온 후 10분 이내에 측정해야 하고, 평균값을 계산하기 위해 연속으로 5번의 측정을 시행해야 한다. 필요하다면 보호자의 품속 또는 자신의 케이지에서 안정화를 시킨 후 실시한다.

원인 _Causes

- 특발성 혹은 원발성 (원인 미상)
- 이차적:
  - 신장 질병
  - 갑상선기능항진증
  - 갑상선기능항진증의 처치 후 (치료받은 고양이의 20%)
  - 고알도스테론혈증
  - 부신수질종양
- 병원 스트레스(white coat)로 인한 고혈압

결과 _Consequences

- 고혈압 고양이는 조직손상이 명백할 때까지 몇 달 혹은 몇 년 동안 무증상일 수 있다.
- 손상받는 장기:
  - 심장
  - 뇌
  - 신장
  - 눈

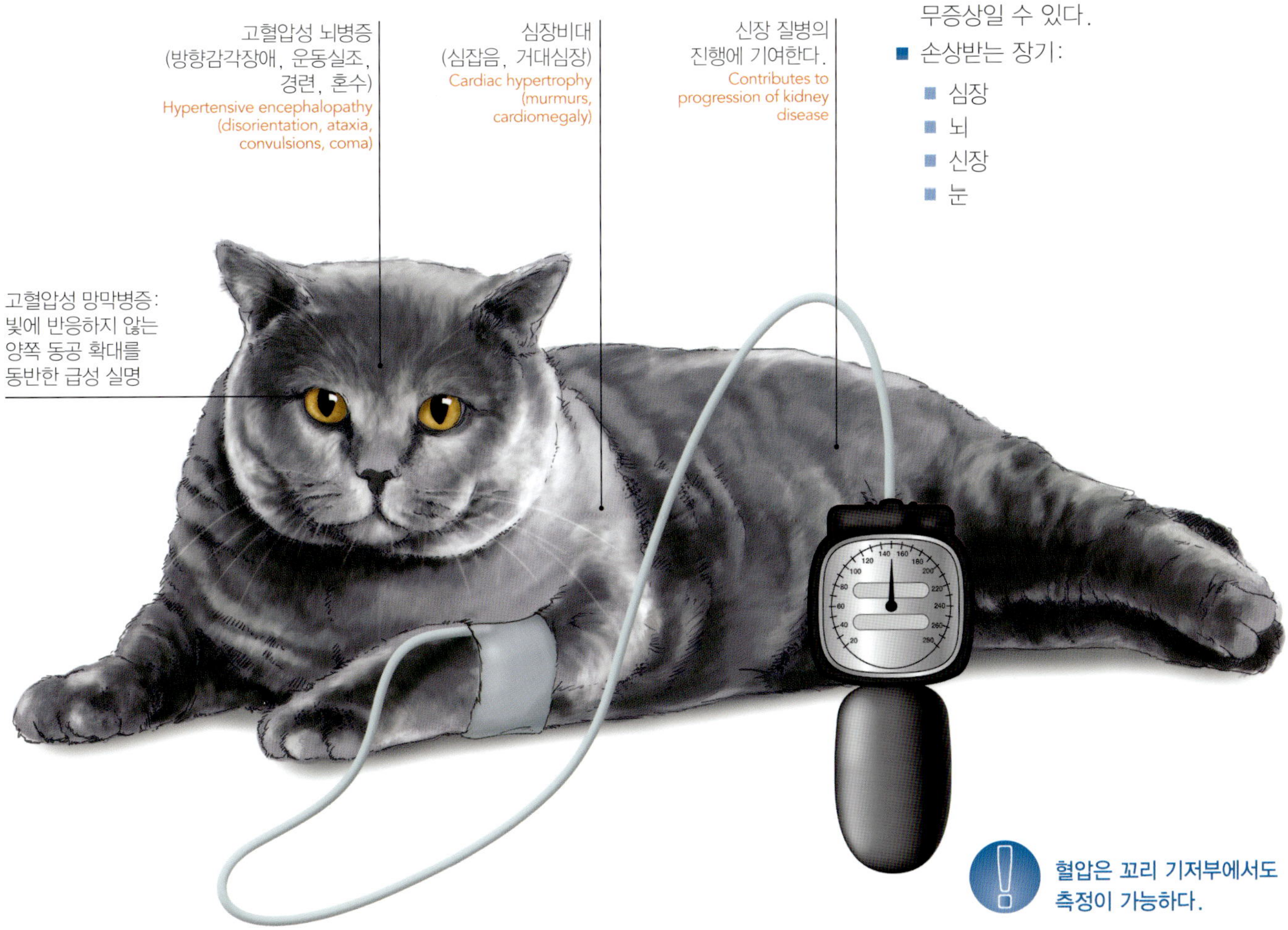

혈압은 꼬리 기저부에서도 측정이 가능하다.

비뇨기계 _Renal and urinary system

16 요관 폐색 _Ureteral obstruction

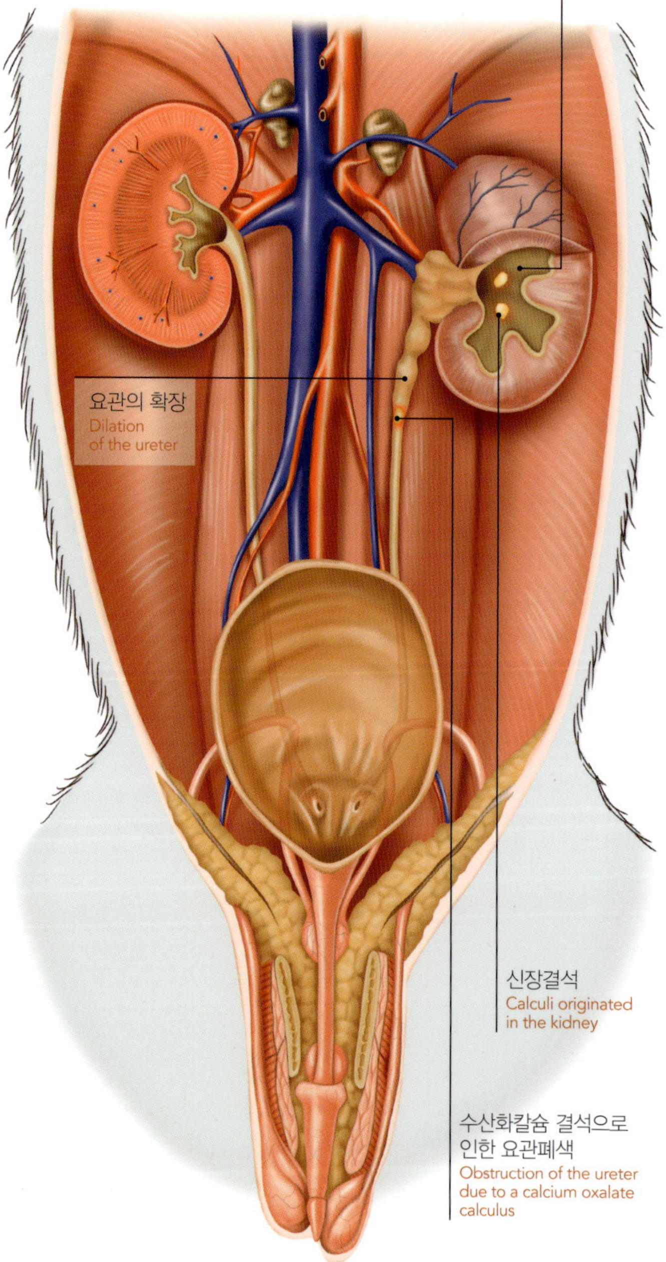

고양이에서 나이, 성별에 상관 없이 만성, 급성의 신장 질병에 의해 주로 발생한다. 양쪽 요관 폐색이 흔히 관찰된다. 복부 방사선검사, 고정밀도의 초음파검사를 통해 진단한다.

원인 _Causes

- 관 내:
  - 요관결석(80%)
  - 혈전
  - 화농성응집(신우신염)
- 벽 내:
  - 선천적 협착
  - 요관 수술, 염증, 결석의 자극, 감염, 종양, 육아종 등에 속발한 협착
- 벽 외
  - 후대정맥후뇨관(선천적)
  - 종양이나 수술에 의한 후복강 섬유화
  - 후복강 종괴
  - 방광삼각부의 암종
  - 의인성 요관결찰

내과적 처치

- 질소혈증 처치를 위한 정맥 수액 투여
- 결석의 통과를 용이하게 하기 위한 평활근 이완제
- 진통 처치

수술적 처치

- 요관절개술
- 피하요관우회술(SUB)
- 요관내인공삽입물

비뇨기계 _Renal and urinary system

17 요관 폐색의 해소 방법 _Techniques for resolution of ureteral obstruction

요관 폐색을 해소하는 데 3가지 방법이 있다: 요관절개술, 요관내인공삽입물(스텐트), 피하요관우회술. 모든 방법은 각각의 장단점을 갖고 있다.

요관절개술

- 이는 요관을 절개하고, 결석을 제거하는 방법이다.
- 근위 1/3 영역에 단일 폐색만이 존재할 때 실시한다.
- 이점: 감염이나 변위의 부작용이 있을 수 있는 이식물이 삽입되지 않는 확실한 방법이다.
- 복합증: 누출, 협착, 재폐색

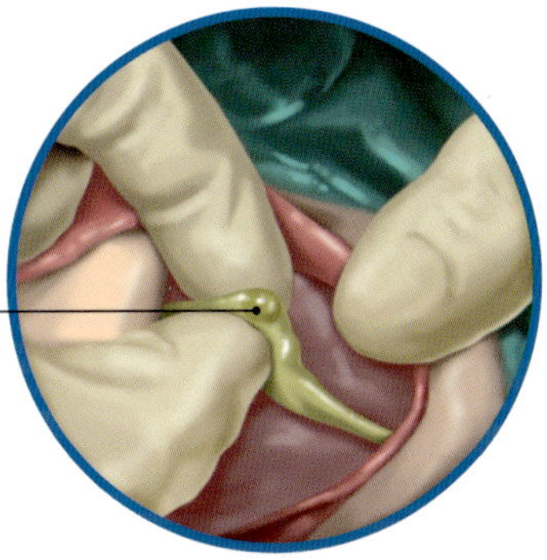

요관내인공삽입물(스텐트)

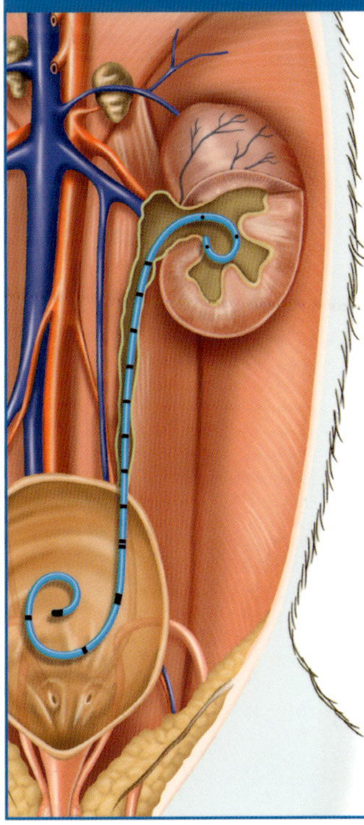

- 방광에서부터 신우 내로 요관을 통과하는 가이드를 장착한다. 이 가이드는 결석과 평행하게 주행한다.
- 이는 개복수술을 통해 이루어지거나, 암컷에서는 내시경을 통해 이루어진다.
- 복합증: 수술 중 요관 파열, 배뇨이상, 혈뇨, 요로 감염, 스텐트의 이동, 석회화

피하요관우회술(SUB)

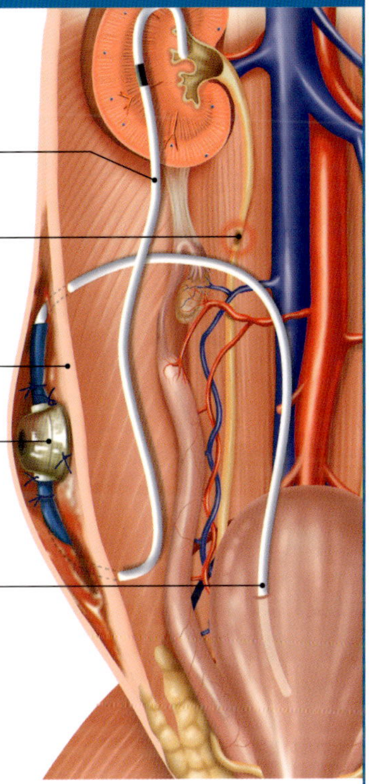

- 병발한 신장으로부터 방광까지 새로운 관을 생성하여 요관을 우회하는 장치이다.
- 관의 일부는 복강 밖, 피하를 지나간다.

이점

- 신우로부터 배양을 위한 요샘플을 채취할 수 있다.

복합증

- 단기간: 누출, 카테터의 구부러짐 혹은 혈전에 의한 부분폐색, 신장절개로 인한 출혈
- 장기간: 감염의 재발, 배뇨이상, 무기질 침착에 따른 폐색, 카테터의 엉킴

비뇨기계 _Renal and urinary system

18 다낭성 신장 질병(PKD) _Polycystic kidney disease (PKD)

유전질병이며 신장에 낭종 형성을 유발한다. 태어난 후부터 발병되며, 처음엔 매우 작지만 점점 자라서 신장이 손상된다(신장 질병). 종종 간에도 영향을 준다.

품종 소인이 높은 종: 페르시안, 엑조틱 숏헤어, 브리티시 숏헤어와 이러한 종들의 교잡종

품종 소인이 있는 종: 버만, 버밀라, 데본렉스, 랙돌
다른 품종들은 소인이 매우 낮다.

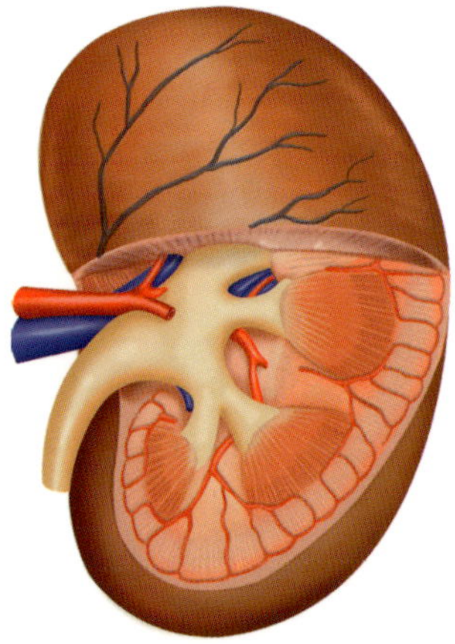

정상 신장
Normal kidney

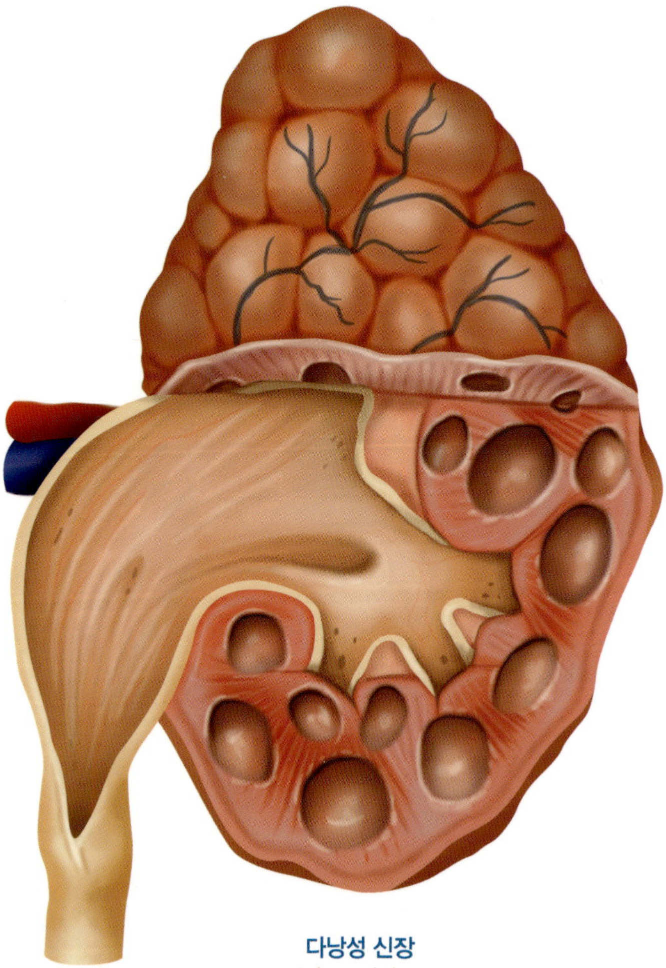

다낭성 신장
Polycystic kidney

신장 낭포 _Renal cysts

- 개수: 개체별로 다양하다(20~200개의 낭종).
- 성장: 매우 빠르거나(조기 사망) 8세부터 신장 질병의 증상이 나타나며 서서히 성장한다.
- 진단
  - 복부 초음파
  - 혈액이나 침에서 유전검사

진행성 낭종의 성장을 예방하기 위한 치료법은 없다. 낭종의 성장속도는 개체별로 다르고, 지속적인 초음파 검사를 통해 확인한다.

내과적 처치

신장 질병으로 진행되는 고양이에서 필요하다.

유전 형태 _Form of heredity

- 단일 우성보통염색체유전자에 의해 전달된다: 이 유전자를 가진 어떠한 고양이라도 이 질병으로 진행될 수 있다.
- 매우 적은 낭이 있어도 유전자의 보인자가 될 수 있다.
- 이 질병을 가진 고양이 전부 자손에게 유전될 수 있다(대략 50%).

비뇨기계 _Renal and urinary system

19 고양이 하부요로기계 질병 _Feline lower urinary tract disease (FLUTD)

폐색성 및 비폐색성 _Obstructive and non-obstructive

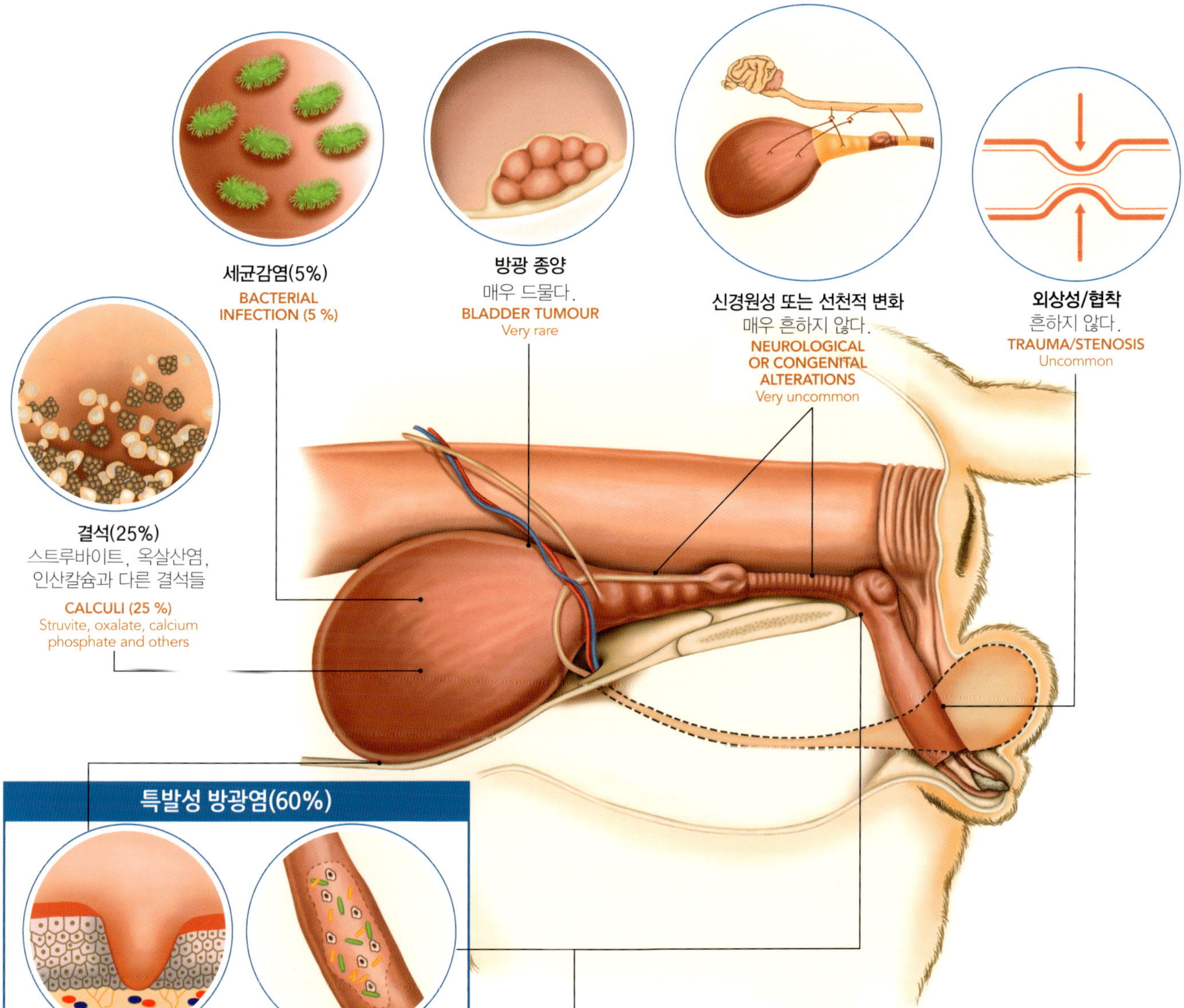

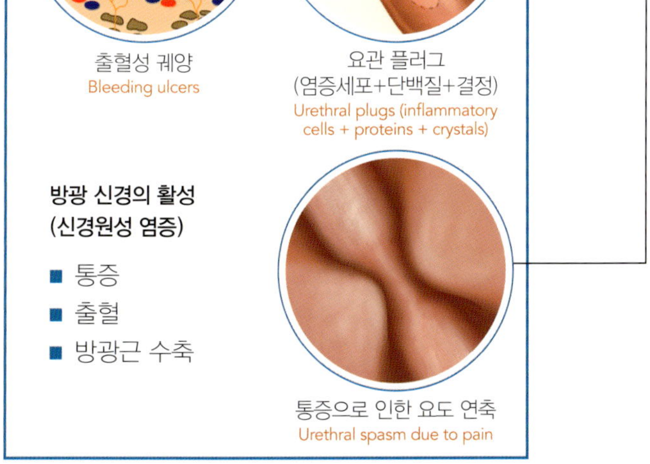

임상증상 _Clinical signs

- 배뇨곤란과 배뇨통
- 화장실에 자주 들락거린다.
- 혈뇨가 나타날 수 있다.
- 통증으로 인해 배뇨 중 배뇨를 중단한다.
- 폐색성 하부요로기계질병의 경우, 요도 폐색에 의해 배뇨가 불가능하다.

고양이 하부요로기계질병의 원인은 적절한 치료를 결정하고 재발을 방지하기 위해 항상 반드시 진단되어야 한다.

비뇨기계 _Renal and urinary system

20 회음요도절개술 _Perineal urethrostomy

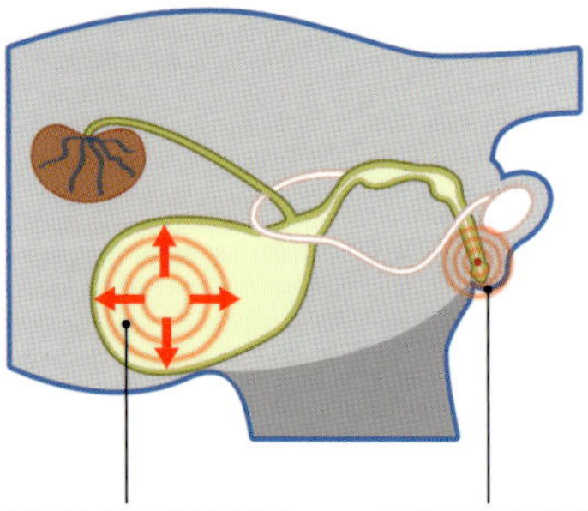

요도의 개구부를 만들고 항문 아래 회음부 피부에 직접 봉합하고, 음경과 고환을 제거한다(중성화를 하지 않은 경우).

지시사항 _Indications

- 고양이 하부요로기계질병에 대한 치료를 했음에도 불구하고, 지속적 폐색이 병발하는 동물(3 이상)
- 카테터 삽입으로 해소되지 않는 요도폐색
- 요도 협착
- 심한 음경 손상

고양이에서 요로기계 완전폐색은 대부분 요도 플러그 혹은 결석에 의해 발생한다.

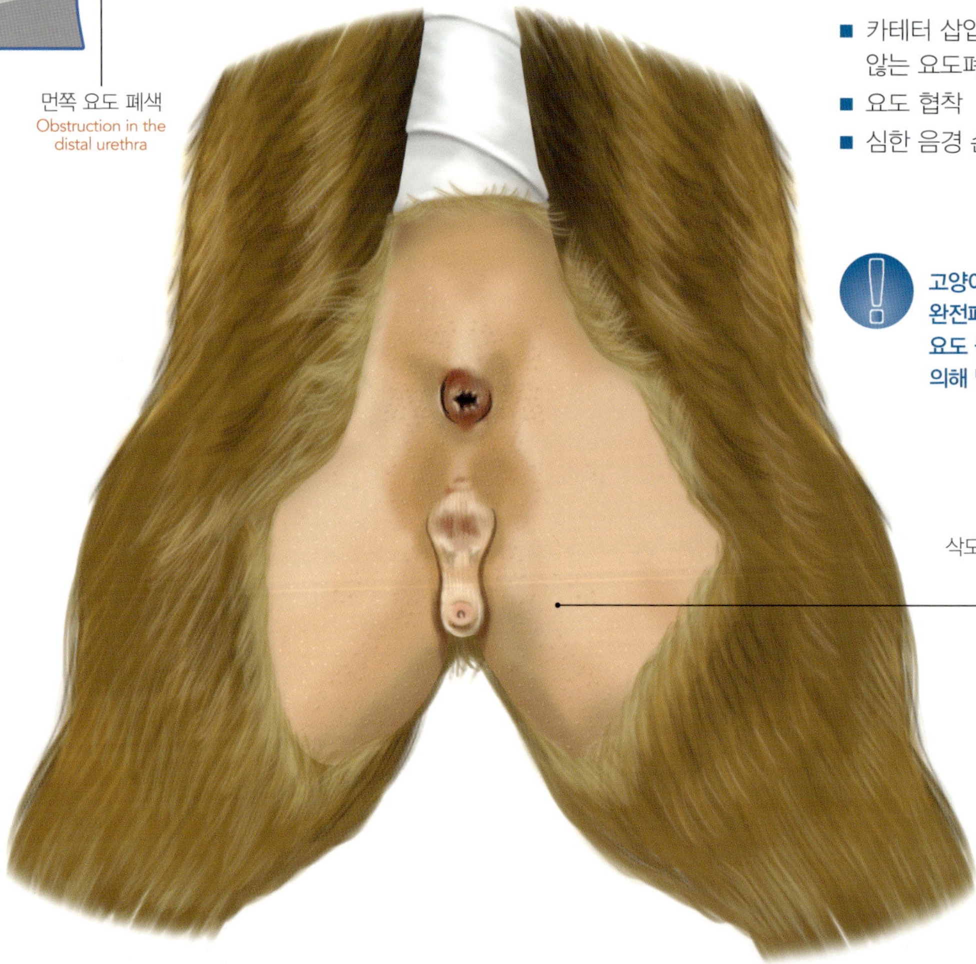

수술 기법

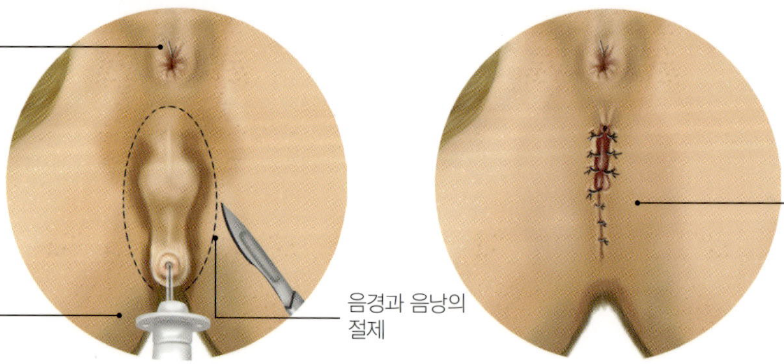

생식기계 _Reproductive system

21 암컷 고양이의 발정 주기 _The oestrus cycle in female cats

암컷 고양이는 계절성 다발정 동물로, 빛이 증가하는 시기에 발정주기가 활성된다. 일 년 중 빛이 길어지는 때에 규칙적인 주기를 갖는다(2~3월에서 10~11월). 인공적인 빛 아래에서 생활하는 어떤 암컷에서는 일 년 내내 발정주기를 가질 수도 있다.

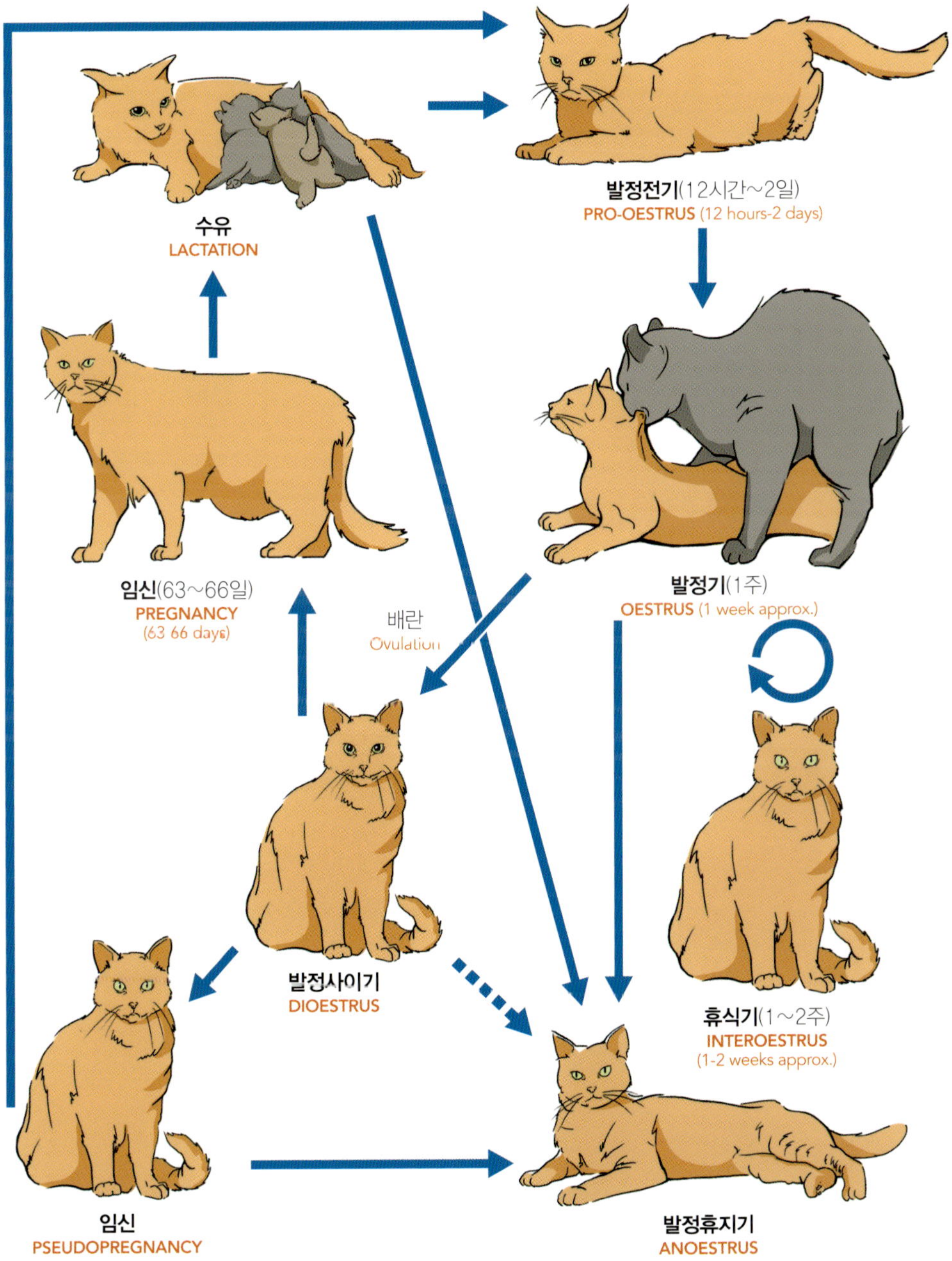

발정전기

- 수컷은 비수용성 암컷에 이끌린다.
- 출혈이 없는 경도의 질 부종(미약한 점액성 분비)
- 성적 행동: 그르렁거림, 끊임없는 울음, 척추전만 행동을 하지만 교미를 허용하지 않는다.

발정기

- 성적 행동은 발정전기와 유사하지만, 암컷이 교미를 허용한다.
- 교미로 유도되는 배란이다. 자발적으로 발생할 수도 있다.

휴식기

- 배란이 일어나지 않을 때 나타난다.
- 두 연속적인 발정기 사이에 비활성 기간

발정사이기

- 배란이 일어나면 황체가 형성된다(프로게스테론).
- 두 가지 상황이 나타날 수 있다.
  - 위임신: 배란이 되었으나 수정되지 않았다.
  - 임신: 배란이 되고 수정이 이루어졌다.

발정휴지기

- 성적 활동이 없는 기간(발정주기의 부재)
- 10~11월 사이, 1~2월 사이(빛이 짧은 기간) 인공적인 빛 환경하에서는 나타나지 않을 수 있다.

체중, 품종 등에 따라 개체마다 다양하지만(4~12개월) 6~8개월령 사이에 성성숙기가 시작된다.

발정기를 억제하기 위해 사용하는 호르몬처치는 발정전기와 발정기에 피해야 한다. 선택지는 보통 발정휴지기이다.

생식기계 _Reproductive system

22 중성화 _Neutering

암컷과 수컷 _In females and males

암컷

복강경 난소절제술 _Laparoscopic oophorectomy

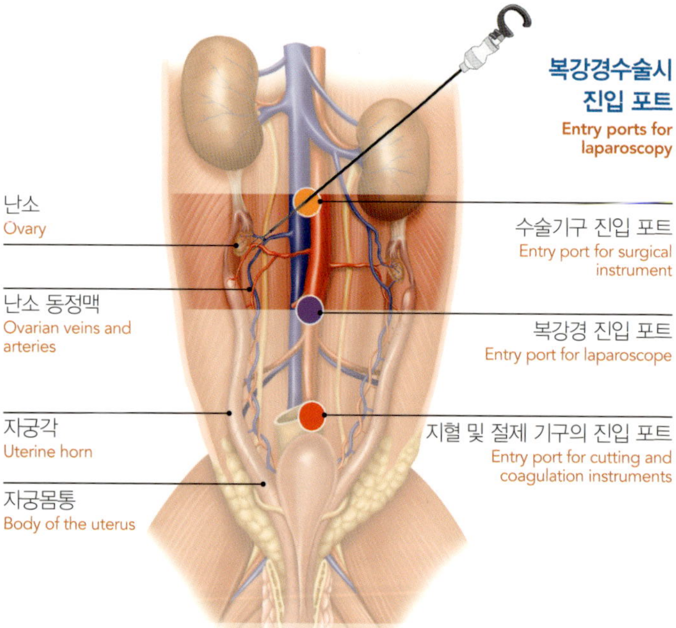

복강경은 조직의 노출 없이 최소절개를 통한 중성화 수술을 가능하게 하는 최소침습 수술이다.

개복술을 통한 난소자궁절제술 _Ovario-hysterectomy via open surgery

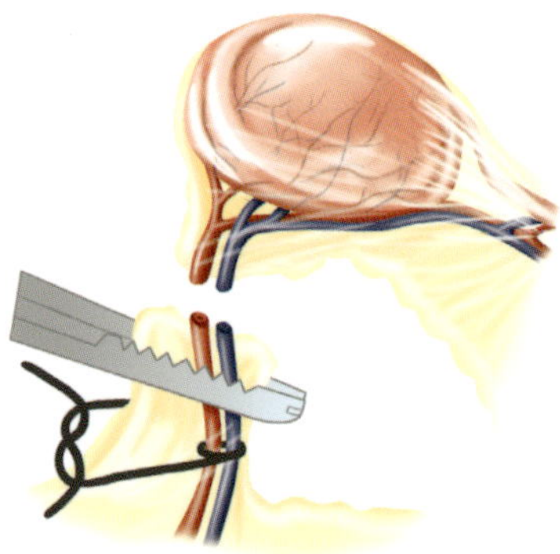

자궁의 이중결찰과 절제
Double ligation and sectioning of the uterus

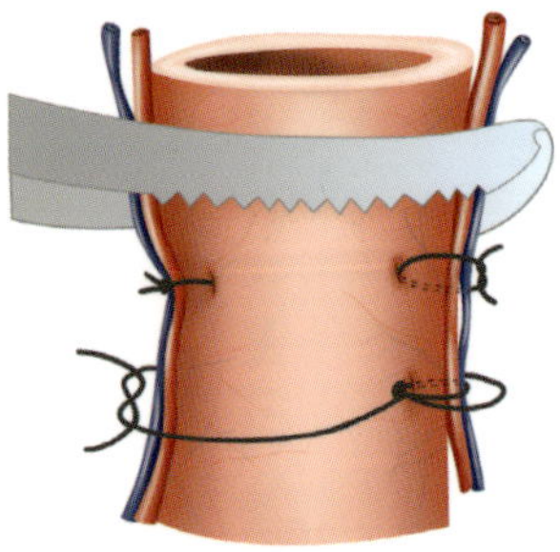

발정기를 겪었거나, 자궁수종, 자궁점액종 등이 있는 경우에는 자궁의 절제가 추천된다.

수컷

고환절제술 _Orchiectomy

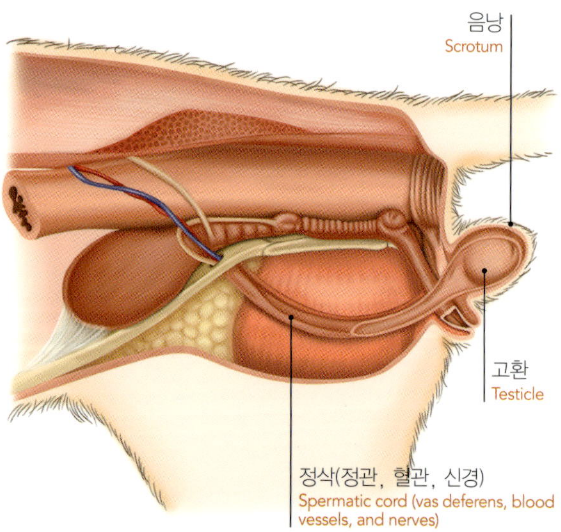

음낭으로부터 고환을 분리하고, 정삭을 절제한다.

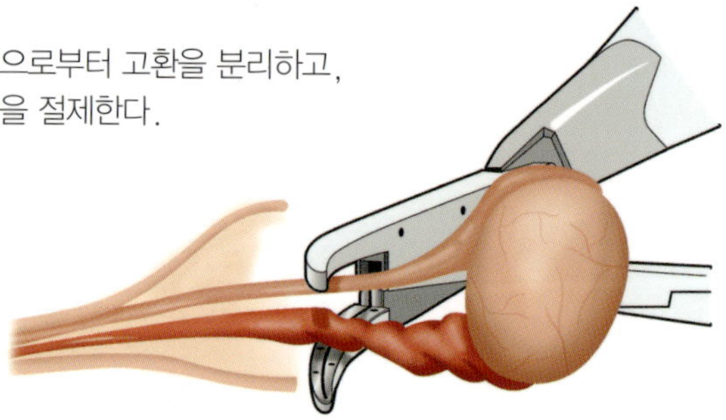

이 과정은 결찰 및 절제 기구를 이용해서 실시하면 봉합을 하지 않아도 된다.

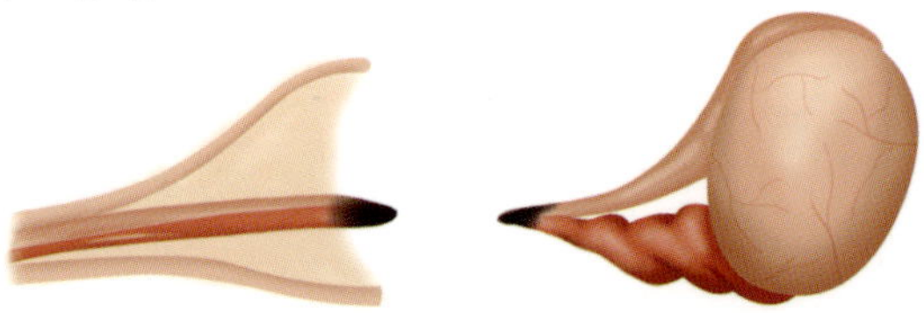

생식기계 _Reproductive system

23 자궁축농증 _Pyometra

자궁의 감염 _Infection of the uterus

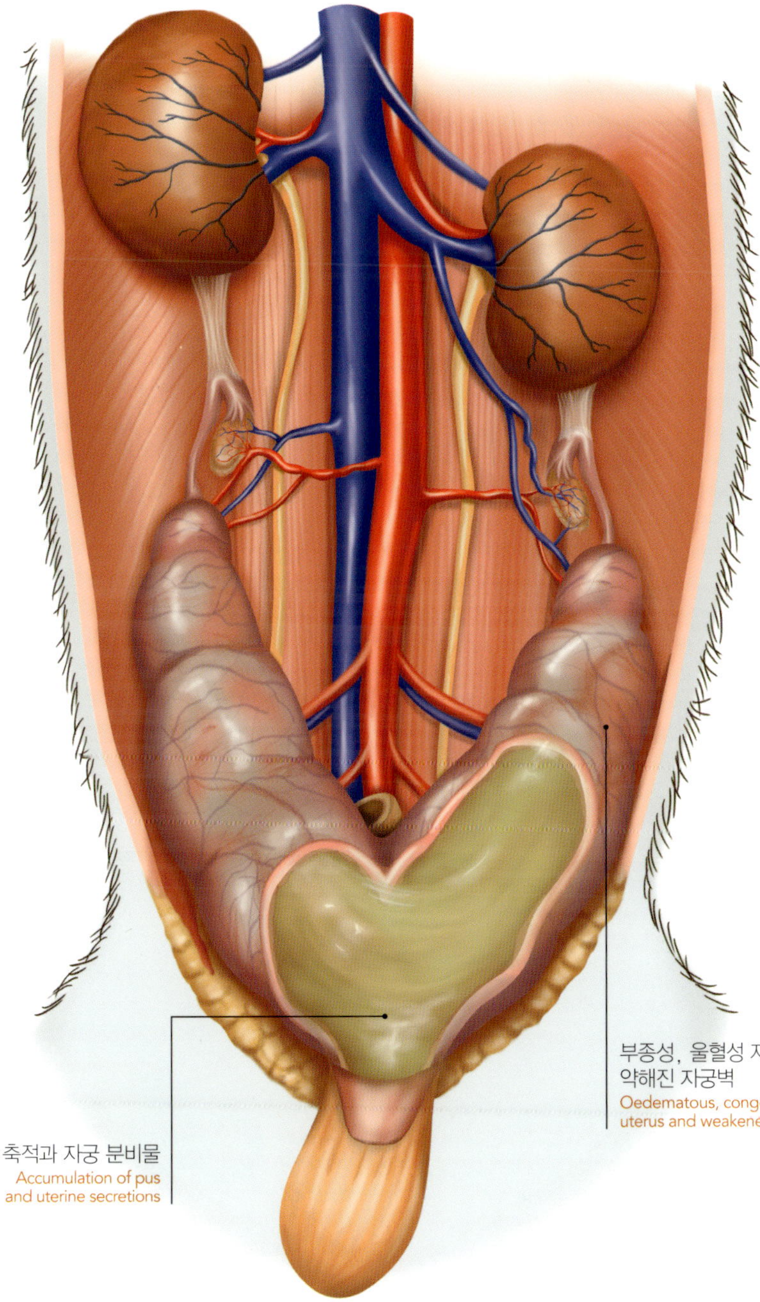

세균의 감염으로 발생하며, 자궁 공간 안에 농의 존재가 특징적이다. 어느 나이의 고양이에서나 발생할 수 있고, 분만 경력이 있는 암컷이라도 발생한다. 발정을 막기 위해 사용하는 프로게스테론이 위험인자이다.

진단은 복부 방사선 검사와 복부초음파가 필요하다.

임상증상 _Clinical signs

- 장액혈액성 또는 점액화농성 질 삼출물. 자궁목 폐쇄성 자궁축농증의 경우, 분비물이 관찰되지 않는다.
- 기력저하
- 체중감소
- 다음, 다뇨
- 발열은 흔하지 않다.

내과적 처치

- 수액 처치
- 항생제
- 개선될 때까지 호르몬 처치

수술적 처치

선택사항(난소자궁절제술), 특히 번식암컷이 아닌 경우와 복막염 같은 심한 감염의 증상이 나타난 경우

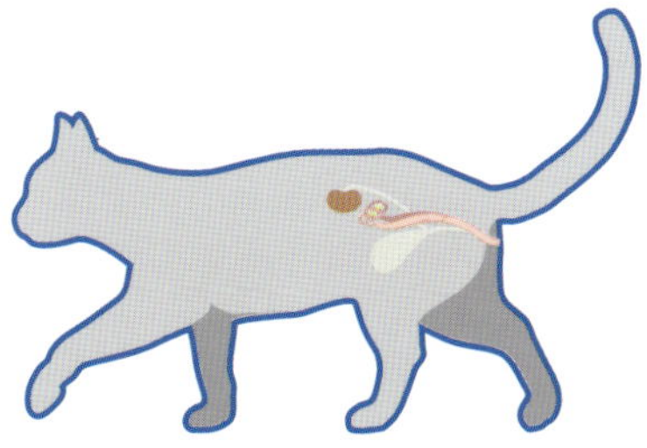

생식기계 _Reproductive system

24 잔존난소증후군 _Residual ovary syndrome

이 증후군은 고양이가 중성화 수술 이후에도 발정의 근거를 보이는 경우 반드시 의심해보아야 한다. 남아있는 난소 조직을 찾고 제거하기 위한 수술적 처치가 필요하다.

원인 _Causes

- 이소성 난소조직의 존재
- 난소조직의 자가이식
- 수술 중 난소의 불완전 절제

진단 _Diagnosis

- 발정의 증상
- 임상증상을 보일 때, 질 도말을 통해 발정기의 확인
- 융모생식선자극호르몬 자극 테스트
- 진단 검사: 초음파를 통해 저에코 및 낭종을 포함하고 있는 난소 조직의 확인. 초음파에서 난소 조직을 찾지 못하더라도 질병을 배제할 수 없다.
- 탐색적 개복술 혹은 복강경 수술

탐색적 개복술과 복강경을 통한 진단과 난소조직의 절제를 통한 치료

전방 1/3은 내려가고, 후방 1/3은 올리고 있는 전형적인 발정 고양이의 자세
Posture typical of cat in heat, with the anterior third lowered and the posterior third raised

꼬리가 올라가며 외음부를 노출하기 위해 움직인다.
The tail is lifted and moved to display the area of the vulva

그르렁거림과 울음소리를 내는 일이 증가한다.
Purring and meowing increase

생식기계 _Reproductive system

25 유선종양 _Mammary tumours

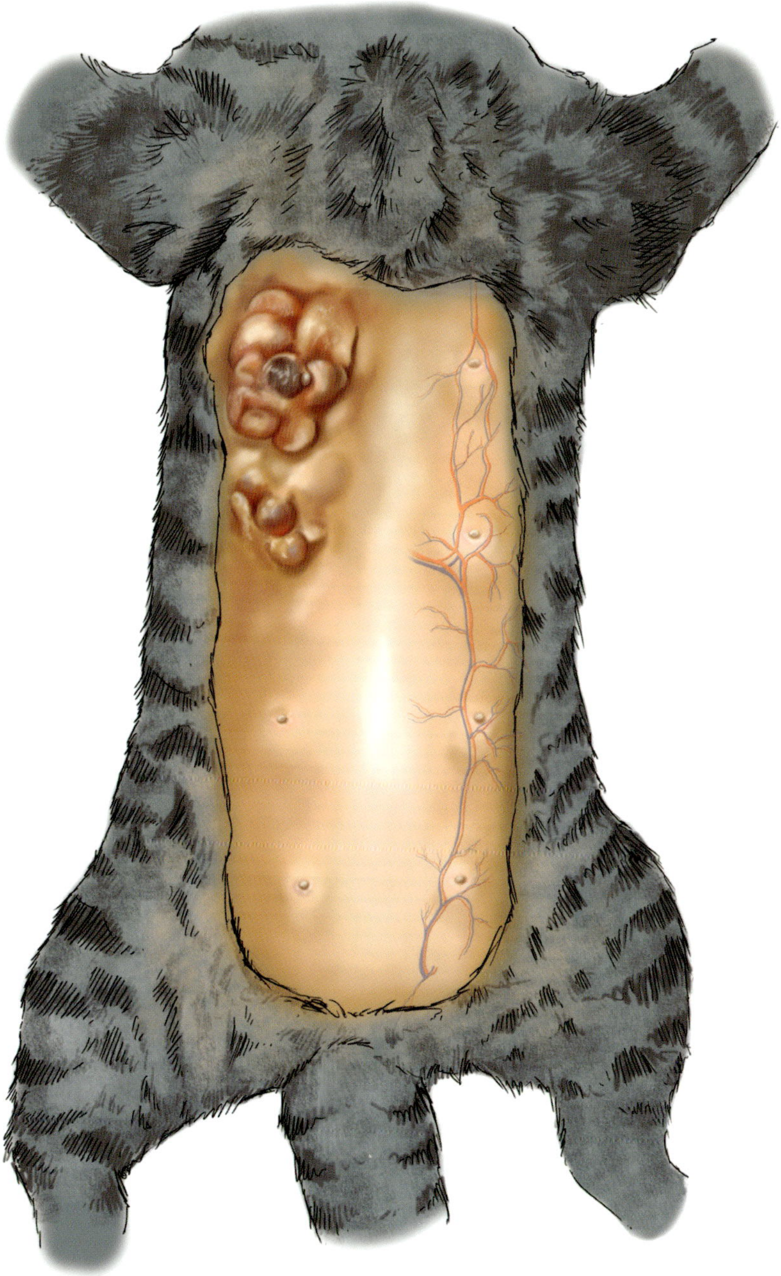

고양이에서 80~96%의 유선종양은 악성이고, 가장 흔한 것은 대롱샘암종과 유두샘암종이다. 겨우 10%만이 샘종이다. 수컷에서는 1~2%에서만 유선종양이 발생한다. 어린 암컷 고양이에서 병발할 수 있지만, 평균 발생 연령은 11년령이다. 유선종양의 진단은 생검, 흉부 방사선검사, 복부 초음파를 실시하여 전이 여부를 배제해야 한다.

6개월령 이하에 중성화한 암컷에서 암종의 위험은 6~7배 낮다.

임상증상 _Clinical signs

크기가 가장 중요한 요인이다:

- 크기가 크다면 때때로 궤양화되어 있는 하나 또는 여러 개의 단단하고, 소엽화된 종괴의 형태이다.
- 국소적 샘의 병발이 잦다.
- 폐와 간, 림프절 같은 장기들에 전이는 3 cm 이상의 결절에서 매우 흔하다.

발정주기 조절을 위한 프로게스테론의 사용은 유선종양 혹은 샘종과다형성의 위험을 증가시킨다.

예후 _Prognosis

크기가 가장 중요한 요인이다.

- 2 cm 미만의 종양을 가진 암컷에서 수술 후 3년까지 살 수 있다.
- 3 cm 미만의 종양을 가진 고양이에서는 대략 4~6개월의 예후를 갖는다.

수술적 처치

재발의 위험을 줄이기 위해 유선 전적출을 실시한다.

내과적 처치

항암치료는 재발의 간격과 기대수명을 늘릴 수 있다.

심장호흡기계 _Cardiorespiratory system

26 고양이의 단두증 _Brachycephaly in cats

페르시안 고양이와 히말라얀 고양이의 두개골은 단두형이며 이는 상부 호흡기의 폐쇄, 눈물 배출계의 기능이상, 치아 구조의 변화의 원인이 된다. 두개형이 더 납작할수록 위와 같은 증상이 더 심하다.

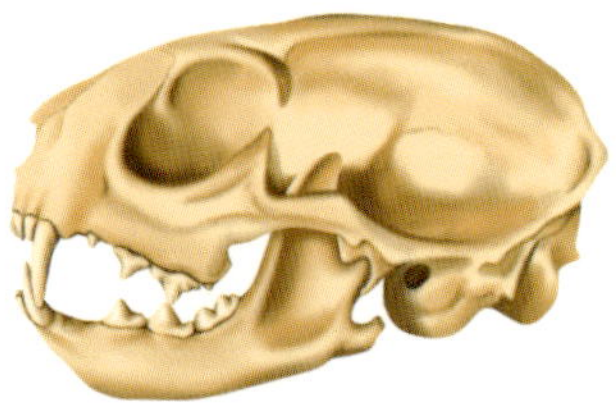

정상 두개골
Normal skull

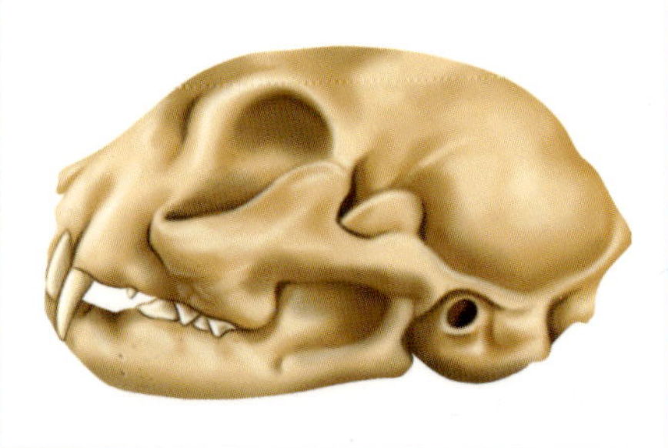

1단계: 경도의 단두증

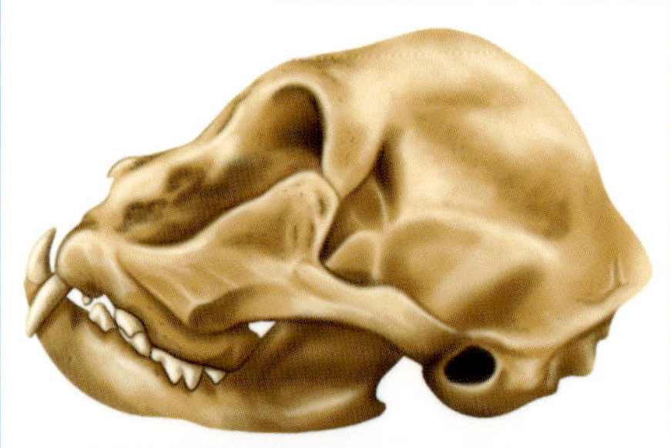

2단계: 중등도의 단두증

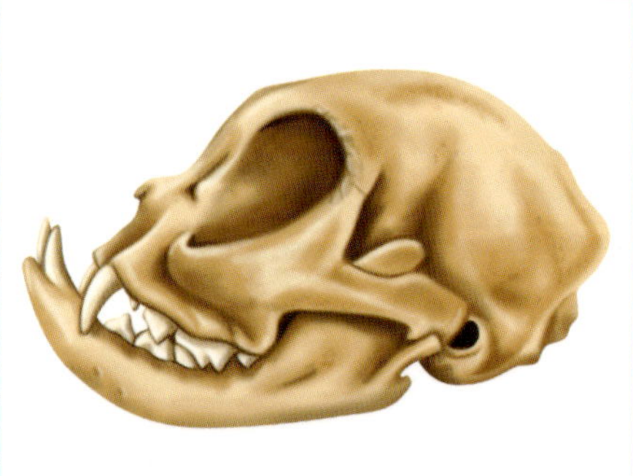

3단계: 심한 단두증

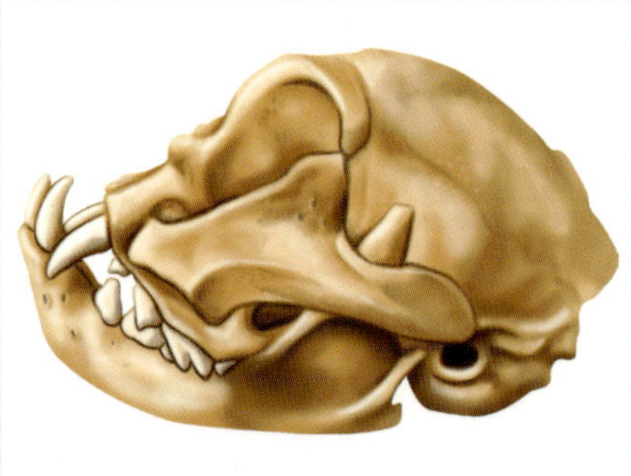

4단계: 매우 심한 단두증

임상증상 _Clinical signs

단두증의 단계가 높을수록 다음과 같은 증상이 심해진다.

- 누관의 변형: 지속적인 눈물 흘림과 이차적인 피부염
- 안구의 심한 노출: 각막염과 각막부골편
- 치아 부정교합: 저작의 불편함과 더 빈번한 치주질환
- 상부기도의 폐쇄
  - 비공 협착
  - 좁은 비강
  - 연구개 노장

내과적 처치

- 유루증으로 인한 피부염이 있는 경우
- 각막염이 있는 경우

수술적 처치

- 비공 협착과 연구개 노장의 수술적 교정
- 좀 더 나은 저작을 위한 발치

권고사항

국제 수의사회는 좋지 않은 건강상태와 낮은 기대수명 때문에 고도의 단두증 고양이들은 교배 금지를 권장한다.

심장호흡기계 _Cardiorespiratory system

27 코인두 폴립 _Nasopharyngeal polyps

이는 어린 고양이에서 가장 빈번하게 발생하지만 어느 나이에서든 발생할 수 있다. 고실 혹은 유스타키오관 상피에서 유래된다: 이도를 통해 자란다면 이도 폴립으로도 불리며, 코인두로 자란다면 코인두 폴립으로 불린다.
이러한 경우, 고실은 유스타키오관의 폐색으로 인한 염증 조직의 영향을 받고, 폴립이 자라지는 않는다.
비인두와 이도를 향해 자라는 경우는 흔하지 않다.

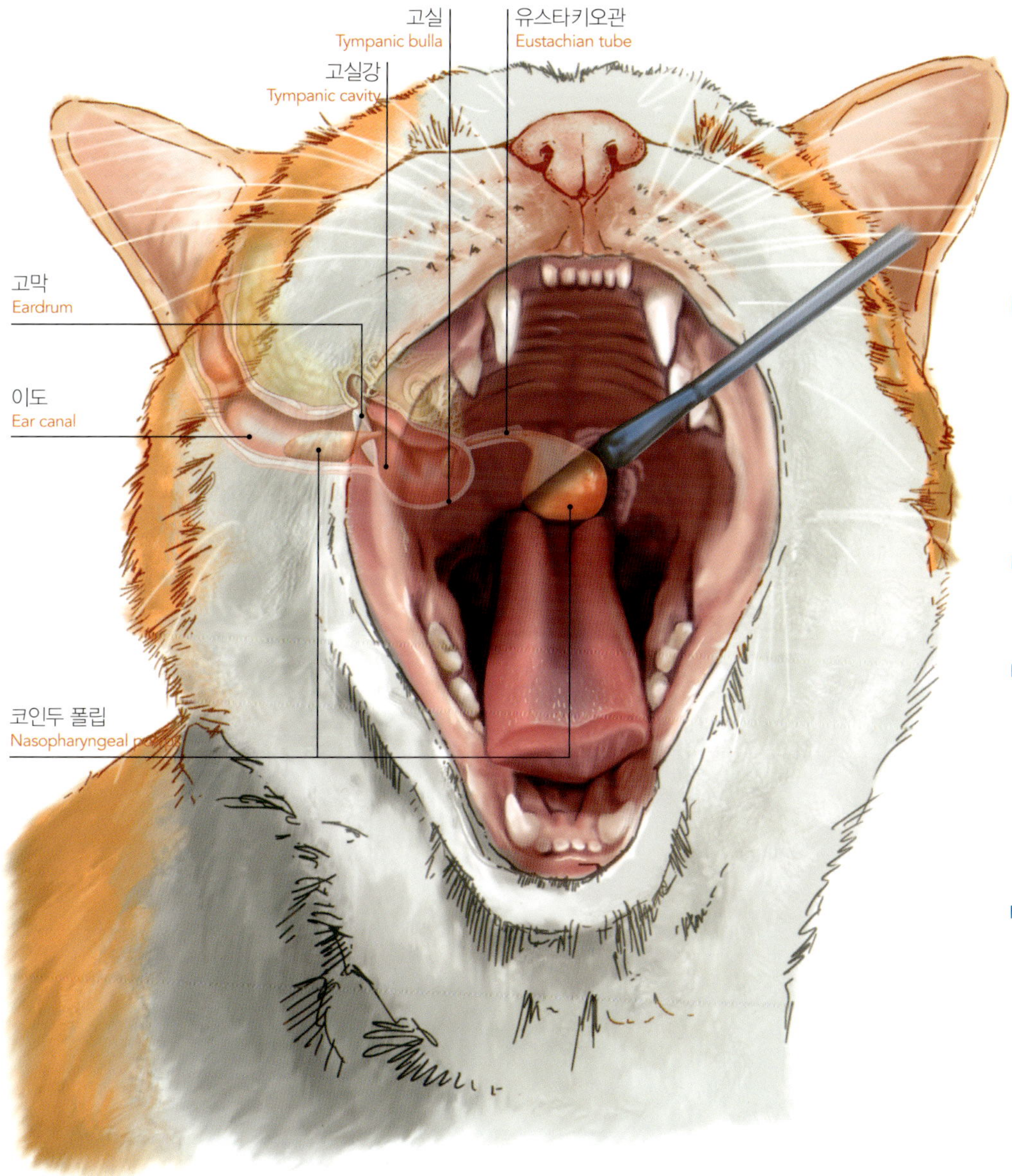

호흡기나 중이의 염증 및 감염으로 인해 이차적일 수 있다.

임상증상 _nical signs

- 만성적이고 진행성일 수 있으며 기도나 내이에 영향을 줄 수 있다.
- 호흡기
  - 만성 코 분비물과 재채기를 동반한 비염과 부비동염
  - 기도가 막힌 경우 연하곤란, 청색증과 실신
- 내이
  - 범위에 따라 귀 분비물과 머리기울임 안구진탕이나 전정기관실조, 호너신드롬을 동반한 외, 중, 내이도염이 있을 수 있다.

진단 _Diagnosis

- 코인두의 방사선 검사
- CT를 통한 고실의 평가

치료

- 코인두폴립: 코인두로부터 폴립을 당기고/박리하는 수술적 제거 시 좋은 예후를 보인다.
- 이도폴립: 배측고실절골술이 필요하다.

심장호흡기계 _Cardiorespiratory system

28 비대심근병증 _Hypertrophic cardiomyopathy

심근병증은 고양이에서 좀 더 빈번하다. 이는 일차적 혹은 갑상선기능항진증, 고혈압, 배출로의 폐쇄, 말단비대증, 심근 종양에 대해 이차적으로 발생할 수 있으며 따라서 이러한 상태가 배제되어야 한다. 병증이 매우 심각해질 때까지 임상증상이 없을 수 있으며 이 때문에 심장초음파 검사를 통한 초기 진단이 중요하다.

정상심장
Normal heart

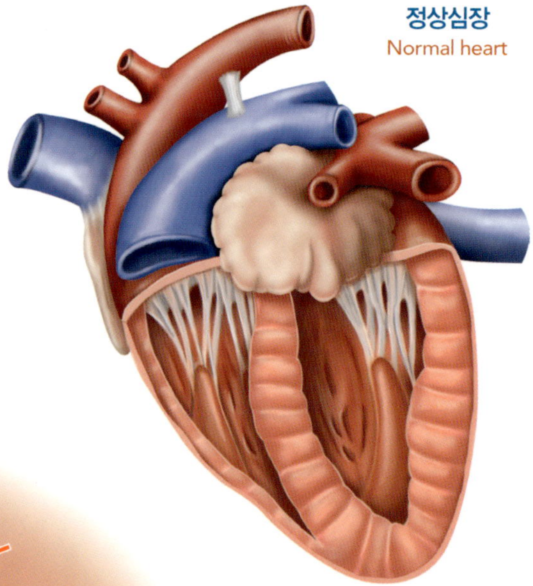

비대심근병증 심장
Hypertrophic heart

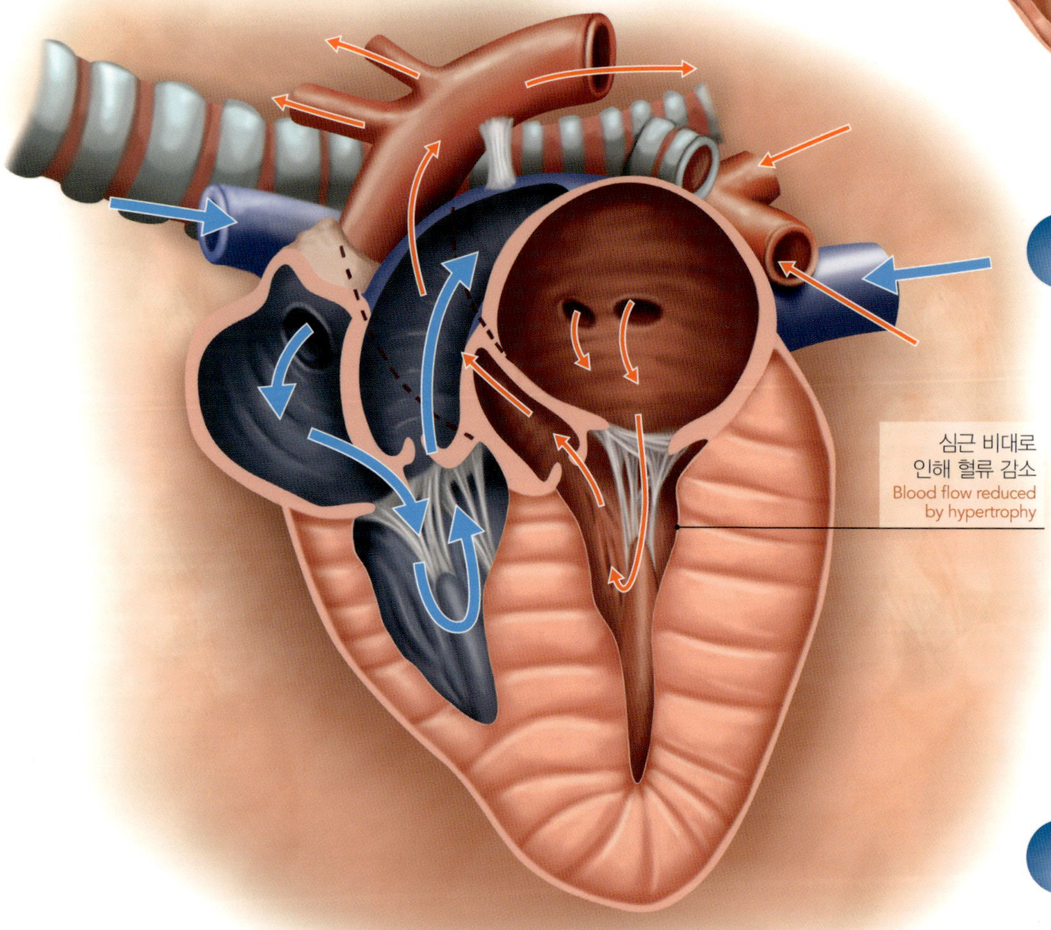

거의 모든 종에서 발생하지만 메인 쿤, 랙돌, 노르웨이 숲, 브리티쉬 숏 헤어 종에서 소인이 있다.

좌심실이 비대된 심장 벽 때문에 충분히 채워지지 못함(이완성 기능이상)

내과적 처치

각각의 단계에서 다른 유형의 치료가 필요하고 매우 초기에는 특별히 권장되는 치료법이 없다.

임상증상 _Clinical signs

- 심잡음(심근병증을 갖고 있는 고양이의 대략 60%)
- 말발굽리듬
- 대동맥 혈전색전증에 의한 사지마비(7%의 고양이)
- 폐부종 혹은 흉막삼출에 의한 급성 호흡곤란

심장호흡기계 _Cardiorespiratory system

29 제한심근병증 _Restrictive cardiomyopathy

제한심근병증은 비대심근병증에 속발하여 나타나는 심근 질환 중 가장 흔하다.
이는 심근염, 바이러스 감염에 의한 원발성으로도 나타날 수 있으며, 비대심근병증,
판막 질병이나 심근 경색의 말기단계로 속발성으로도 나타날 수 있다.
보통 환자가 울혈성 심부전의 증상을 보일 때 진단된다.

초음파상 근거 _Ultrasound signs

- 좌심방 혹은 양측 심방 모두의 확장이 확인된다.
- 심근의 두께는 정상 혹은 미약하게 증가한다.
- 섬유띠가 흔하다.
- 심실사이 중격, 유두근, 심실벽에서의 섬유조직이 확인되며, 심근이나 내막에서도 확인될 수 있다.
- 중증의 경우 심낭막삼출이 확인될 수 있다.

경과 _Course

- 울혈성 심부전 혹은 혈전색전증으로 진행됨에 따라 예후는 좋지 않다.
- 기대 수명은 보통 1년 미만이다.
- 급사할 수 있다.

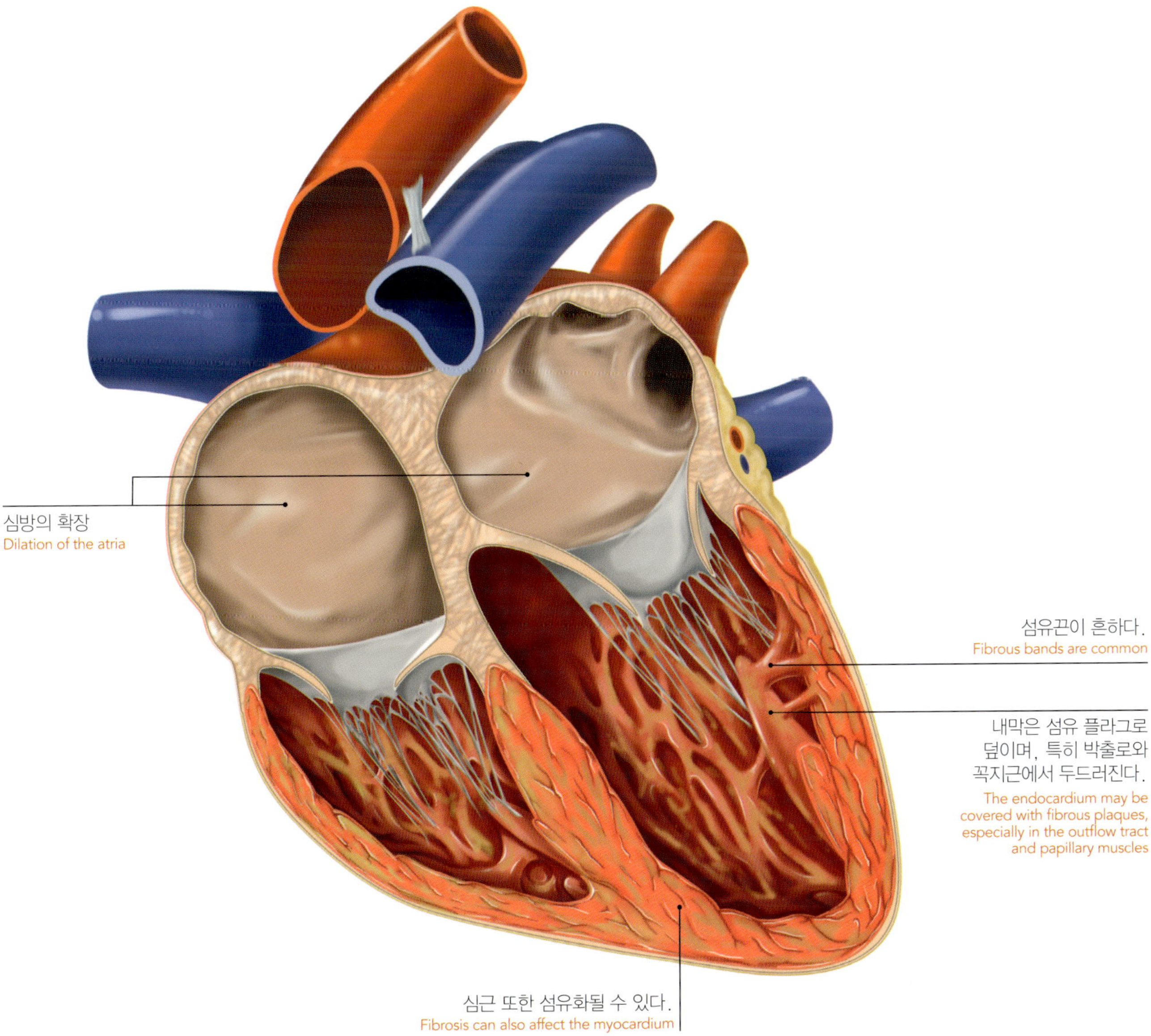

심장호흡기계 _*Cardiorespiratory system*

30 확장심근병증 _*Dilated cardiomyopathy*

심근의 비정상적인 이완은 타우린 결핍에 의해 발생할 수 있고 (고양이에게 개 사료를 준 경우), 특발성일 수 있으며(대부분의 경우) 혹은 진단되지 않은 판막 질환 혹은 심근의 허혈성 질환의 말기에 나타날 수 있다.

종 소인: 샴 고양이, 버미즈 고양이, 아비시니안 고양이

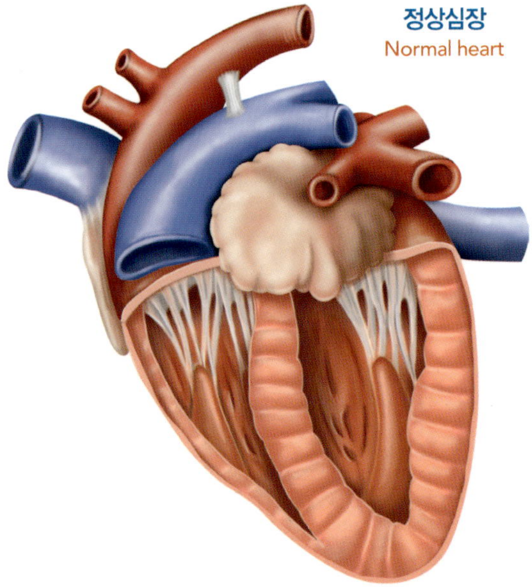

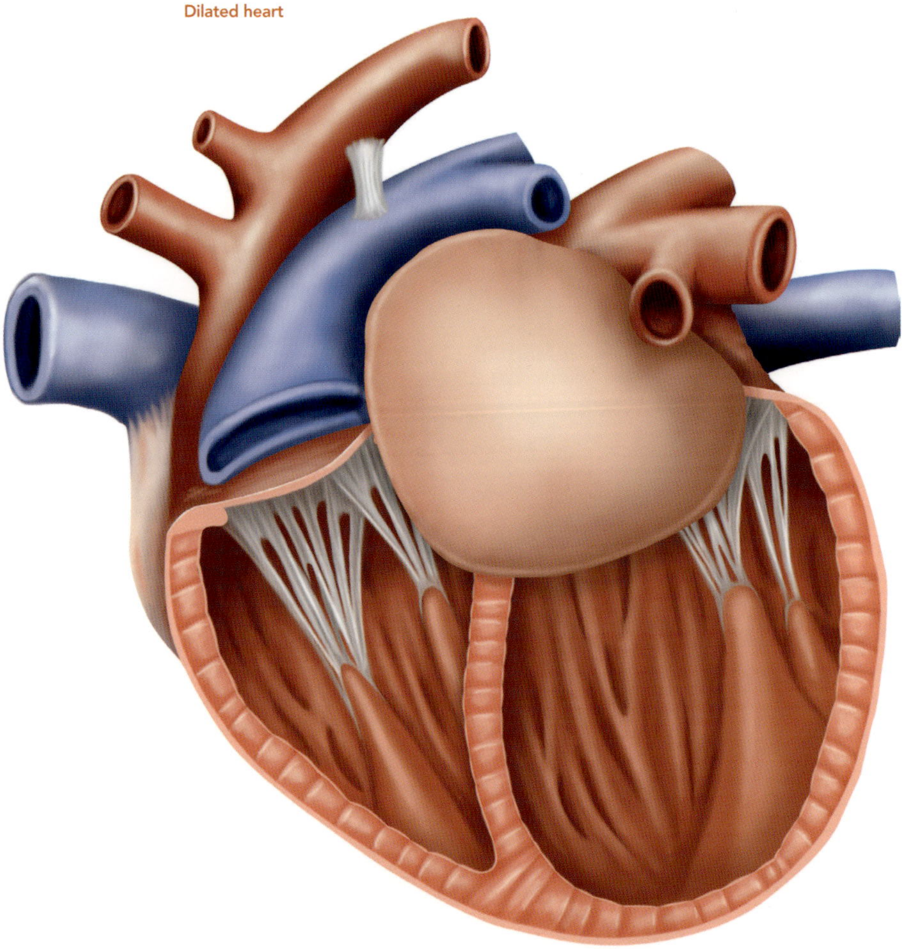

임상증상 _*Clinical signs*

- 심잡음(대략 심근병증을 갖고 있는 고양이의 60%)
- 말발굽리듬
- 대동맥 혈전색전증에 의한 마비 (7%의 고양이)
- 폐부종 혹은 흉막삼출에 의한 급성 호흡곤란
- 진행성 체중감소와 허약

확장심근병증을 앓는 환자는 질병이 상당히 진행될 때까지 증상이 없을 수 있기 때문에 심초음파 검사를 이용한 초기 진단이 필수적이다.

내과적 처치

타우린 적용이 확장심근병증을 개선시키기 때문에 타우린 값을 항상 측정해야 한다.

타우린 _*Taurine*

- 심근의 정상적인 기능, 시력, 번식을 위한 필수 아미노산
- 고양이는 충분한 양의 타우린을 합성하지 못하기 때문에 음식으로부터 섭취해야만 한다.
- 타우린 결핍은 실명, 확장심근병증, 불충분한 성장, 번식장애를 유발할 수 있다.

심장호흡기계 _Cardiorespiratory system

31 동맥 혈전색전증 _Arterial thromboembolism

고양이의 모든 종류의 심근병증에서 빈번히 나타나는 복합증이다. 혈전색전증의 다른 원인으로는 혈관 질환에 의한 혈전증, 감염이나 종양(폐암종)이 있다.

드문 경우에 전지, 대뇌, 콩팥이나 장간막 동맥에서 나타날 수 있다.

임상증상 _Clinical signs

- 급성 격통
- 완전/부전마비
- 이환된 사지는 맥박이 없고 창백하며 차갑다.
- 몇몇의 고양이는 울혈성 심부전을 보일 수 있다.

예후 _Prognosis

- 사망률이 높으며 예후는 좋지 않다.
- 한쪽 다리만 이환된 경우의 예후가 조금 더 좋다.

대부분의 혈전은 대동맥갈림 부분에 있으며, 이는 편측 혹은 양측성 후지 마비를 일으킨다.

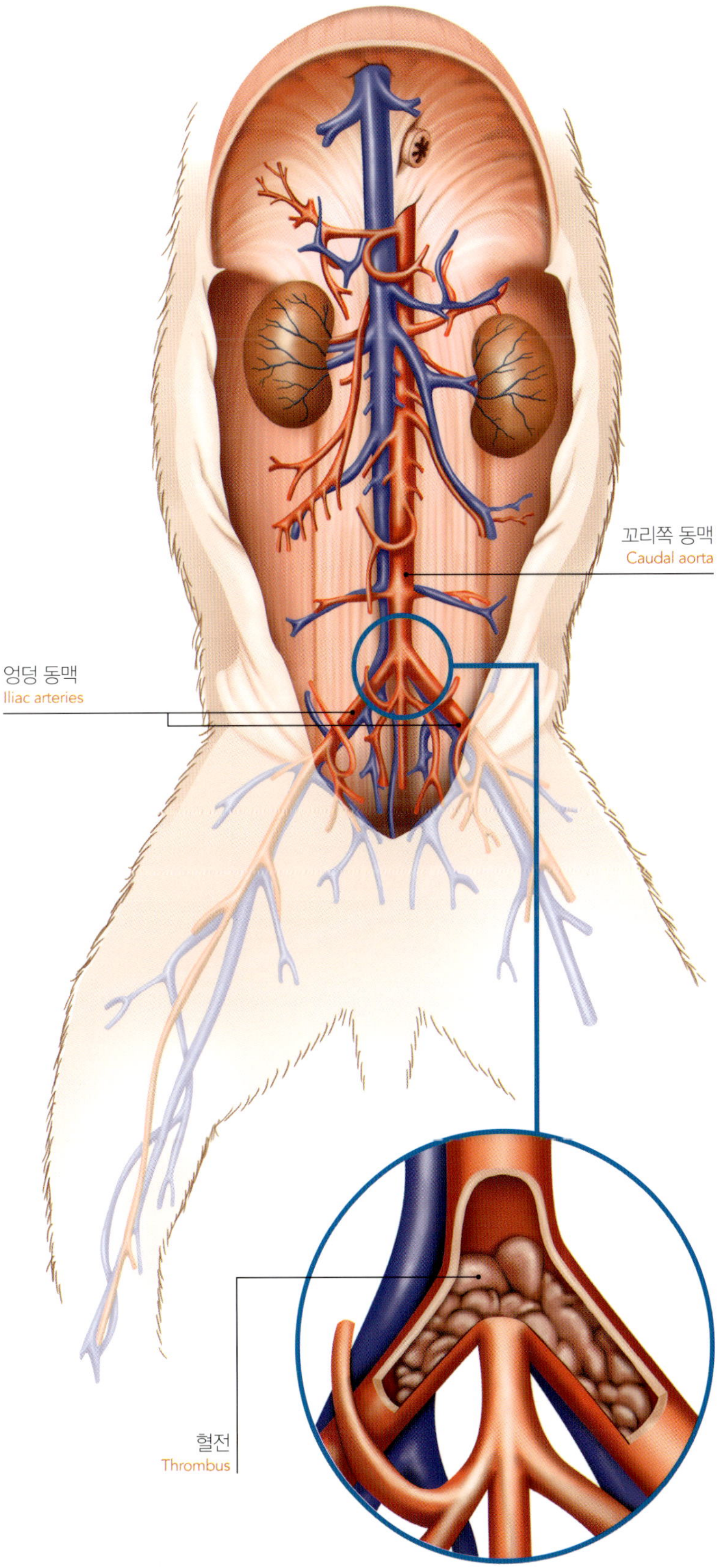

심장호흡기계 _Cardiorespiratory system

32 고양이의 기침 _Cough in cats

다양한 질병들이 고양이의 기침을 유발할 수 있다. 가장 흔한 원인은 고양이 기관지 염증성 질병이며, 두 부류로 나뉜다: 기관지성 천식, 만성 기관지염

감별진단 _Differential diagnosis

- 세균성: 마이코플라즈마, 보르데텔라 기관지패혈증균
- 기생충성: 고양이폐충, 톡소플라즈마 포자충, 고양이회충
- 바이러스성: 급성 허피스바이러스, 칼리시바이러스성 폐렴
- 종양성: 기관지 또는 기관지폐포 암종
- 염증성 기관지 질병:
  - 천식
  - 만성 기관지염

진단 _Diagnosis

순차적인 진단적 접근이 필요하다:

- 흉부 방사선
- 폐 초음파
- 폐 기생충의 배제
- 기관지 폐포 세척: 블라인드 혹은 기관지내시경을 통해 실시한다. 채취한 샘플을 통해 다양한 검사들을 실시한다: 세포학검사, 배양, 마이코플라즈마 확인을 위한 PCR 검사. 이 검사들을 통해 만성 기관지염과 기관지 천식을 감별하는 데 도움이 된다.

기관지폐포 세척은 만성기관지염 또는 기관지천식의 궁극적인 진단에 중요한 검사이다.

심장호흡기계 _Cardiorespiratory system

33 고양이의 천식 _Feline asthma

고양이 천식(만성 알러지 기관지염)은 고양이에서 가장 흔한 기관지폐 질환이다. 이는 들숨의 알러지원(먼지, 꽃가루, 진드기)이나 다른 요인들(온도, 약물, 운동, 감염 등)에 대한 과민반응으로 나타나는데 하부 기도의 만성적인 염증과 점액생산 증가, 기관지 수축을 일으킨다.

진단은 흉부 방사선과 기관지폐포 세척을 통해 이루어진다.

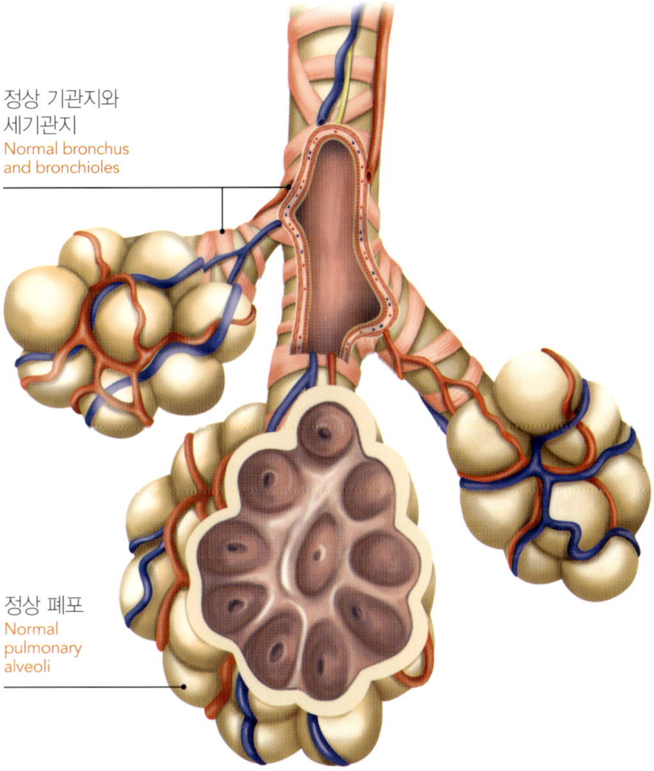

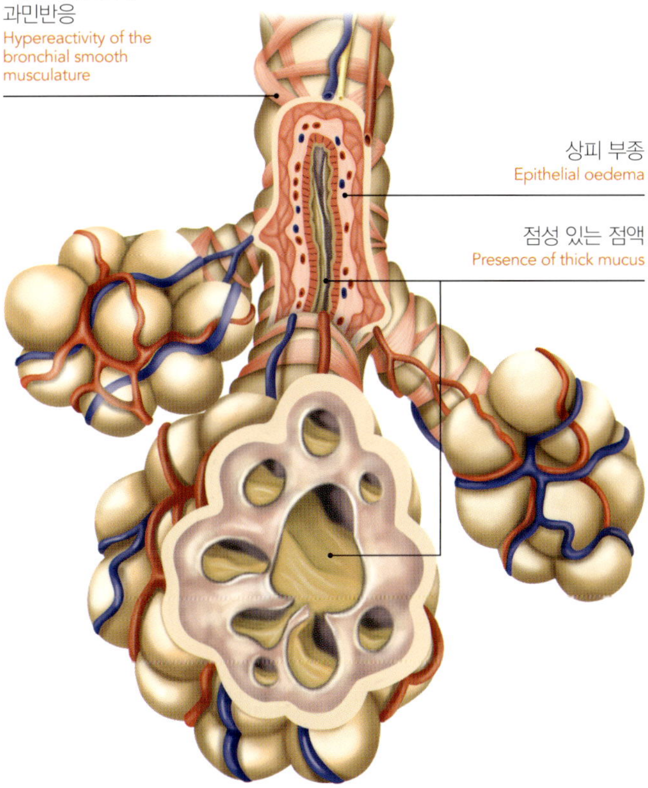

임상증상 _Clinical signs

- 다양한 정도의 만성적인 혹은 간헐적인 기침
- 심한 경우 급성 기관지 수축으로 인해 숨을 쉬기 어려워함

내과적 처치

- 고양이용 흡입기를 이용하여 적용하는 코르티코스테로이드 흡인제 치료를 할 수 있다.
- 해당 알러지원에 대해 매달 면역치료를 받는 것은 천식 치료에서 높은 성공률을 보일 수 있다.

권고사항

환경에서의 자극원을 피하기 위해:

- 굵은 모래를 사용하고 문이 닫힌 화장실은 폐기한다.
- 담배를 피우거나 스프레이를 사용하지 않고, 향과 분무기를 사용하지 않는다.
- 주기적으로 청소를 한다.

심장호흡기계 _Cardiorespiratory system

34 기흉 _Pneumothorax

흉막강 내에 공기가 쌓이는 것으로 급성의 심각한 호흡곤란을 야기할 수 있다.

유형 _Types

- **개방형**: 흉벽에 결함이 생겨 외부 공기가 흉막강 안으로 들어오는 형태
- **폐쇄형**: 폐와 기관지, 후방 기관이나 식도로부터 흉막강 안으로 공기가 새어나오는 형태
- **긴장형**: 흉막이 찢어져 흡기 시 공기가 들어오지만 날숨 시에는 나가지 못하는 상태

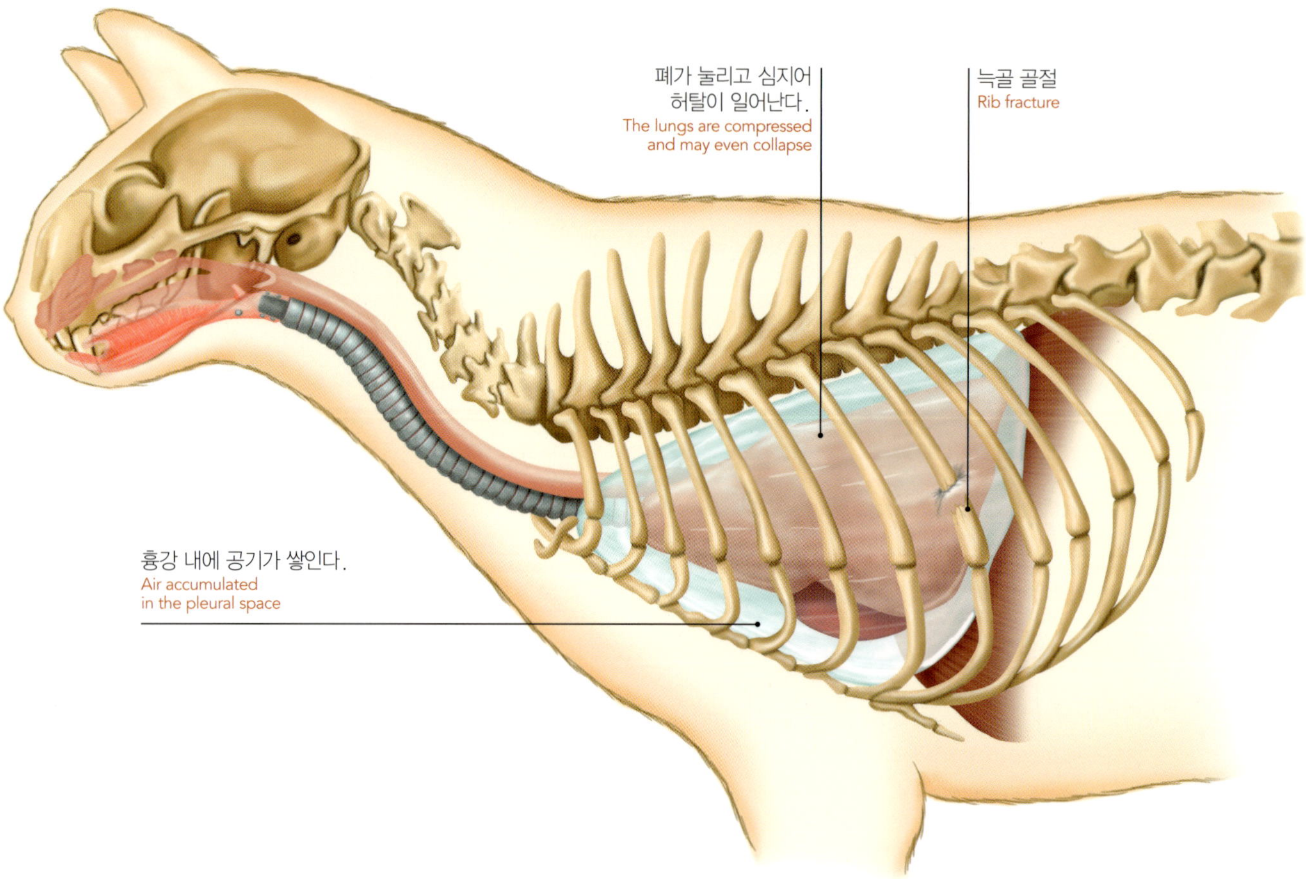

내과적 처치

- 산소방과 진통처치
- 흉강천자를 통해 흉강 내 공기의 제거

수술적 처치

매우 드문 경우에만 필요하다.

기흉은 외상성 혹은 심각한 폐 질환(종양, 기관지폐렴)에 의해 내장쪽가슴막이 괴사되며 이차적으로 나타날 수 있다.

심장호흡기계 _Cardiorespiratory system

35 흉수 _Pleural effusion

흉막강 내에 공기가 쌓이는 것으로 급성의 심각한 호흡곤란을 야기할 수 있다.

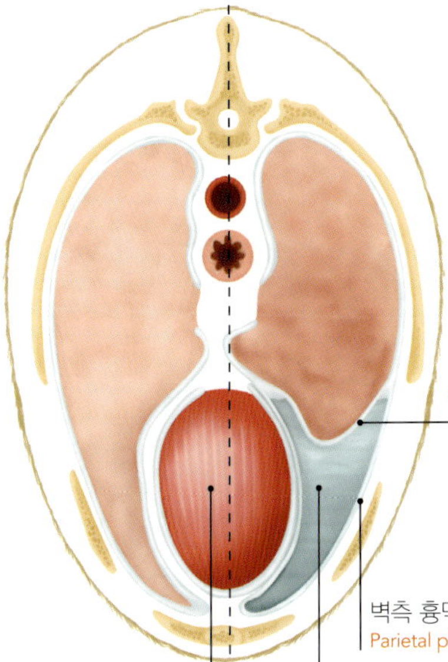

흉수 종류와 원인 _Types of fluid and causes

- 누출액: 저알부민혈증, 체액 과부하, 울혈성심부전
- 변형 누출액: 울혈성 심부전, 염증성/폐색성 병변
- 삼출액: 농흉, 종양, 감염성 질병, 고양이감염성복막염
- 유미흉: 특발성, 외상성(흉관의 파열), 종양, 폐엽의 염전, 울혈성 심부전
- 출혈: 외상, 응고장애, 종양

임상증상 _Clinical signs

- 진행성의 심각한 호흡곤란

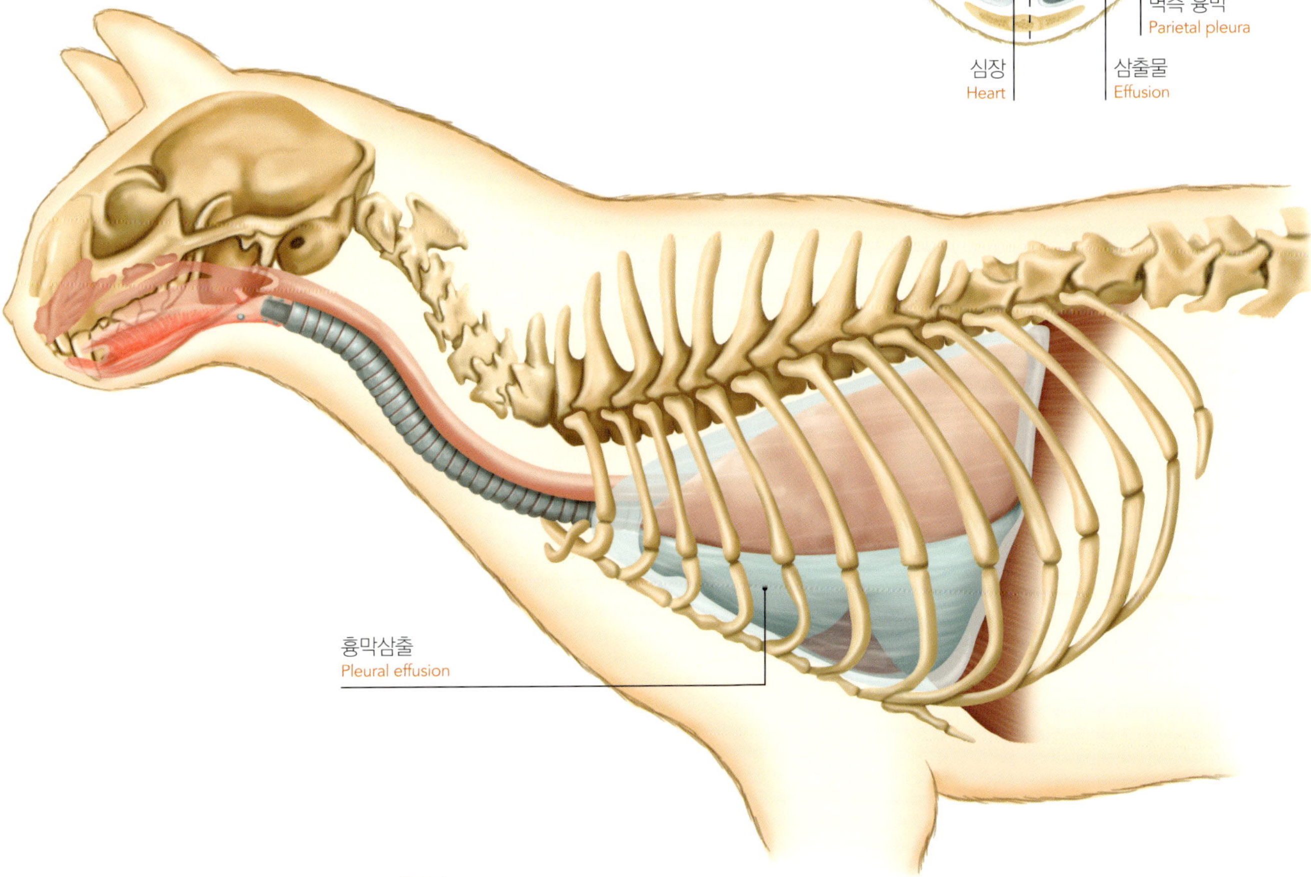

내과적/수술적 처치

삼출액의 기저 원인에 따라 다르다.

액체를 제거하는 것이 흉막삼출의 원인을 진단하고 고양이의 호흡을 다시 편안하게 해주는 데 도움이 된다.

심장호흡기계 _Cardiorespiratory system

36 횡격막 탈장 _Diaphragmatic hernia

외상성 및 복막심막성 횡격막 탈장 _traumatic and peritoneopericardial

외상성 횡격막 탈장

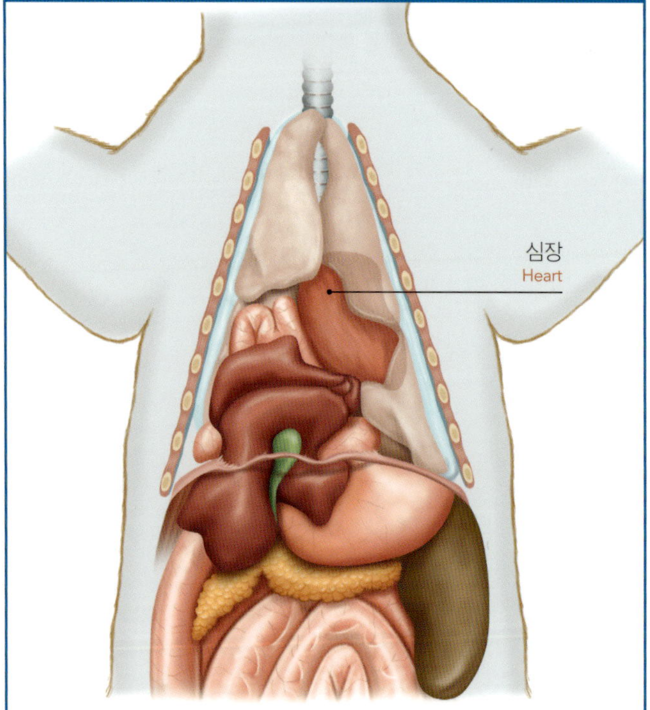

횡격막의 외상성 파열은 하나 혹은 여러 복강 장기들이 흉강으로 이동하게 한다.

- **원인**: 교통사고 혹은 높은 곳에서의 추락
- **임상증상**
  - **급성형**: 호흡곤란 및 갈비뼈 통증
  - **만성형(진단 및 치료경력이 없는 경우)**: 탈장된 복강장기에 따라 다름
    - 운동시 호흡곤란
    - 침울, 식욕부진
    - 소화기 증상

복막심막성 횡격막 탈장

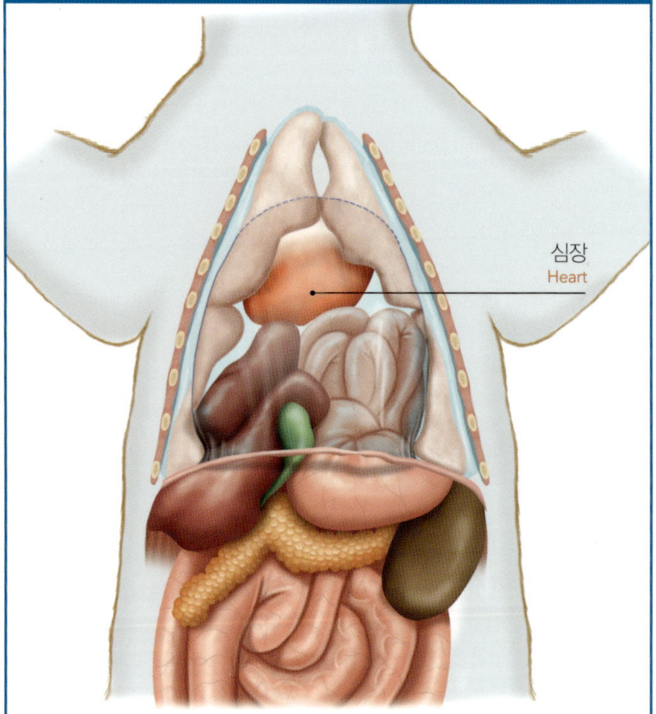

- **원인**: 복강과 심장막이 개통되는 선천적 문제 때문에 심장이 영구적으로 복강구조물에 의해 둘러싸임.
- **종 소인**: 장묘종과 히말라얀 고양이
- **임상증상**
  - 탈장된 장기 종류와 혈액순환 정도에 따라 다르다. 보통은 간, 소장, 비장과 위가 영향을 받는다.
  - 무증상일 수 있다.
  - 장이 탈장된다면 위장관계 증상과 식욕부진을 보일 수 있다.

수술적 처치

- 횡격막 결손 부위 재건
- 복막심막탈장의 경우, 증상이 있거나(위장관폐색) 복강장기의 혈류 순환에 영향을 받은 경우
- 만약 간엽이나 복강지방의 일부가 탈장된 경우에 임상증상이 없다면 수술이 요구되지 않을 수 있다.

내분비계 _Endocrin system

37 갑상샘기능항진증 _Hyperthyroidism

갑상샘호르몬인 티록신(T4)과 삼요오드티로닌(T3)의 갑상샘으로부터 생산되지 않는다. 결절성 과증식 또는 양성 샘종에 의해 발생하며, 이환된 고양이의 1%만이 갑상샘암종으로 발전한다.

위험인자 _Risk factors

- 6년령 이상의 고양이
- 생선이나 간을 재료로 한 습식 사료 캔과 첨가물에 갑상샘종 유발물질 존재
- 다양한 요오드 농도를 함유한 식이(부족한 농도에서부터 과도한 농도까지)

임상증상 _Clinical signs

- 목 부위에 한쪽 또는 양쪽 결절 (증례의 80~90%)
- 지속적인 체중감소, 다식, 과다활동
- 소화기: 만성 구토, 설사
- 심장: 고혈압, 비대심근질병
- 간: 증가한 간 효소 농도

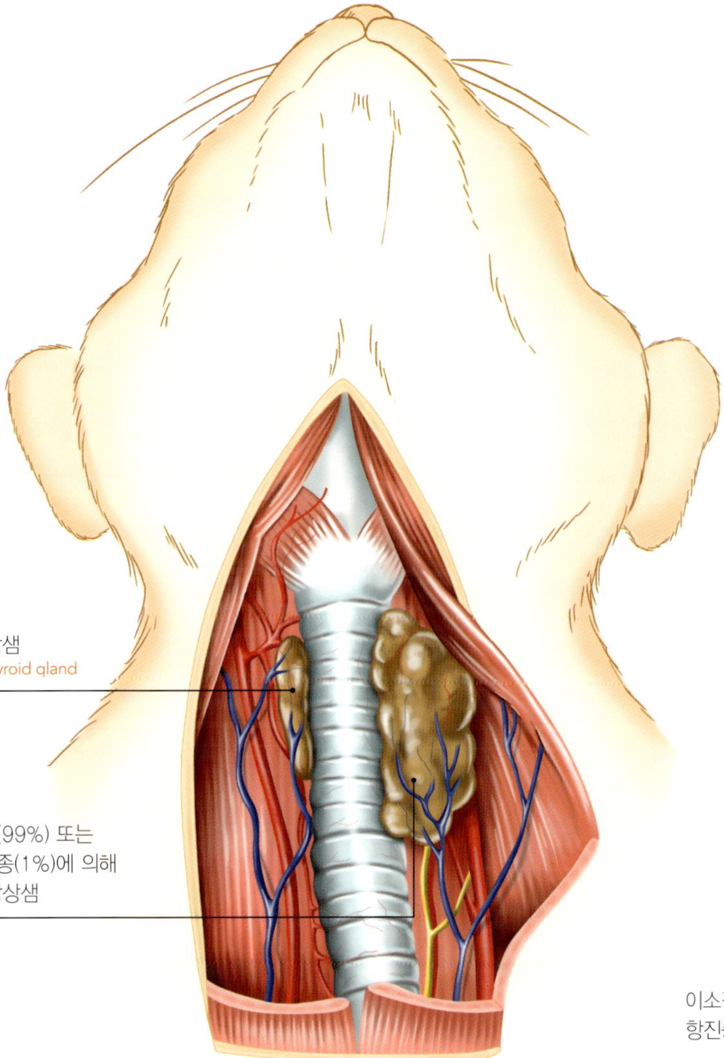

고양이에서의 내분비계 질병 중에 가장 흔하다.

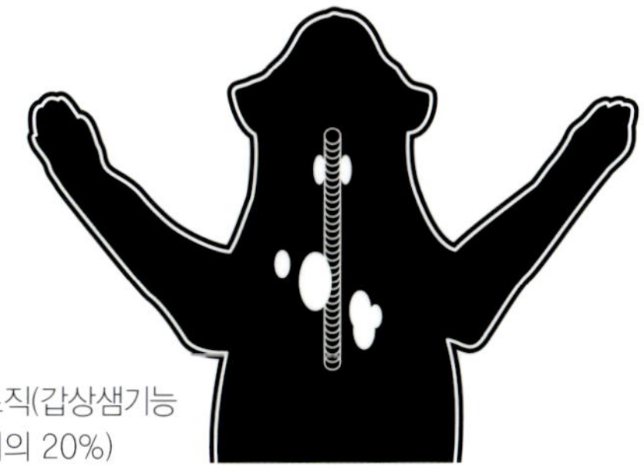

치료

- 만성형 치료: 경구제 투여 혹은 엄격한 저요오드 식이. 이를 통해 임상증상을 관리할 수는 있으나, 종양의 성장을 예방하지는 못한다.
- 치료 요법:
  - 방사성요오드
  - 수술(갑상샘 절제술)

내분비계 _Endocrin system

38 고양이 당뇨병 _Feline diabetes

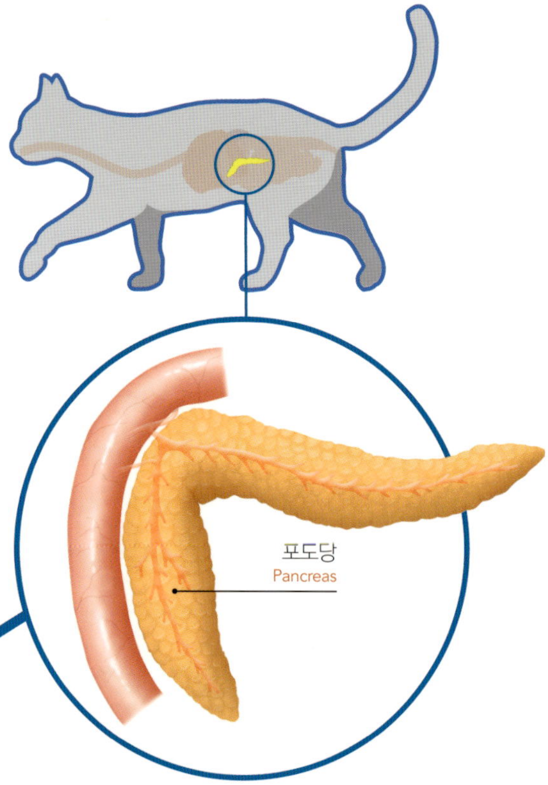

위험인자 _Risk factors

- 나이: 진단되는 고양이 대부분이 6년령 이상이다(10~13년령에서 호발).
- 품종: 버미즈에서 더 품종 소인이 있다.
- 비활동성: 실내사육 고양이에서 매우 흔하다.
- 비만: 가장 중요한 요인으로, 비만인 수컷에서 호발한다.
- 감염과 염증: 치아주위 질병, 요로계 감염, 자궁축농증, 췌장염 등
- 코르티코스테로이드 또는 프로게스테론 치료

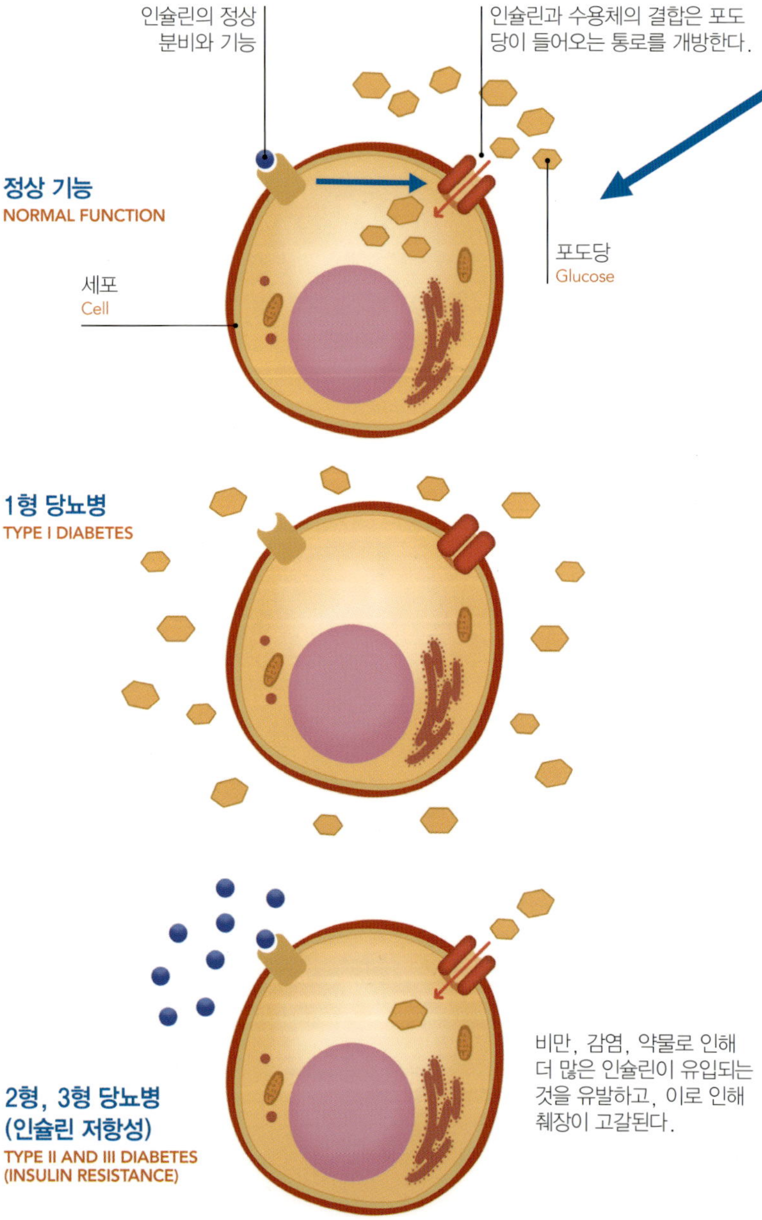

당뇨로 진단된 고양이에서 빠르게 인슐린과 식이요법으로 치료받은 고양이의 67%는 회복된다.

임상증상 _Clinical signs

- 다뇨/다음
- 다식(더 많이 먹는다)
- 체중감소
- 당뇨성 신경병증: 뒷다리 허약과 급성 환자의 경우 앞다리 허약도 나타난다.

1형 당뇨병

면역체계에 의해 이자세포의 파괴

2형 당뇨병

인슐린의 부적절한 분비와 조직에서의 기능 저항(비만, 감염 등 때문에)의 복합

3형 당뇨병

인슐린의 기능에 높은 저항성을 유발하는 질병들로 인해 발생: 부신피질기능항진증, 말단비대증, 이자염, 이자샘암종, 글루코코르티코이드의 투약 등

내분비계 _Endocrin system

39 말단비대증 _Acromegaly

말단비대증은 뇌하수체에서 샘종 혹은 드물게 암종에 의해, 과도한 성장 호르몬을 분비함에 따라 발생한다. 과도한 성장 호르몬의 영향으로 인슐린 수용체가 점령되며, 이에 대한 저항성을 유발하게 되어 고양이의 3형 당뇨의 원인이 된다. 이러한 이유로 당뇨 고양이의 관리가 더욱 복잡해진다.

임상증상 _Clinical signs

진행성 질병이며, 당뇨의 발병이 말단비대증의 증상을 촉진함에 따라 말단비대증 고양이의 25%에서만 증상이 나타난다.

- 턱나옴증(18%)
- 얼굴크기 증가(37%)
- 체중 증가
- 복강장기의 사이즈 증가(40%)
- 사지의 사이즈 증가(13%)

진단 _Diagnosis

- 모든 당뇨고양이에서 인슐린 치료를 몇 주 실시한 뒤,
- 인슐린유사성장인자-1(IGF-1)의 농도를 측정한다. IGF-1값이 1000 ng/mL 이상이면 95%의 양성 예측인자를 갖는다.
- 뇌하수체 크기 종대가 있을 경우 CT를 통해 확진한다.
- CT상 확인되지 않는 경우 MRI를 통해 진단할 수 있는 경우가 있다.

정상 고양이
Normal cat

말단비대증 고양이
Cat with acromegaly

당뇨 고양이의 4마리 중 1마리는 말단비대증이 병발 할 수 있다.

치료

- 내과적: 파시레오타이드가 호르몬 분비를 줄이고, 당뇨 개선에 도움이 된다.
- 방사선: 뇌하수체의 크기를 줄이고, 당뇨의 더 나은 관리에 도움이 된다.
- 수술: 뇌하수체의 절제(매우 고난도의 수술적 기술)

* IGF-1: 성장호르몬촉진인자C 혹은 인슐린유사성장인자 1

내분비계 _Endocrin system

40 비만 _Obesity

비만은 식이와 생활습관 변화로 반드시 치료해야 하는 심각한 질병이다.

1 매우 마름 | 2 마름 | 3 이상적 | 4 과체중 | 5 비만

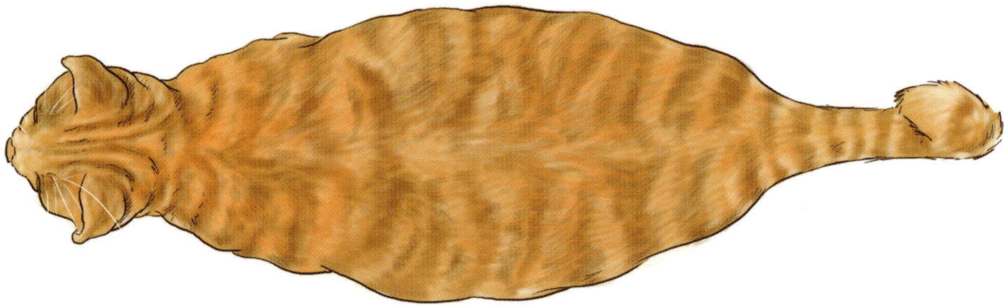

위험인자 _Risk factors

- 중성화: 고양이에 필요한 에너지를 20%까지 줄인다.
- 비활동성: 실내사육 고양이에서 흔하다.
- 나이: 2~10년령 고양이에서 더 잘 발생한다.
- 식이: 고칼로리, 감칠맛이 많은 음식 섭취

비만은 특정 질병들의 발생 위험을 높인다.

관련 복합증 _Associated complications

- 비만
- 골관절염
- 지방간증
- 피부 변화
- 호흡기계 문제
- 난산
- 운동불내성
- 면역력 저하
- 마취 위험도 증가
- 기대 수명 감소

식이요법

열량 제한 식이

권고사항

배식기를 통해 생활 활동량을 늘리고,
놀이활동을 증가시킨다.
(개박하-캣닙-, 레이저포인터 등)

피부와 부속기관 _Skin and anexa

41 고양이의 피부 구조 _Structures of the skin in cats

피부층
Skin layers

1. 표피
2. 진피
3. 피하조직

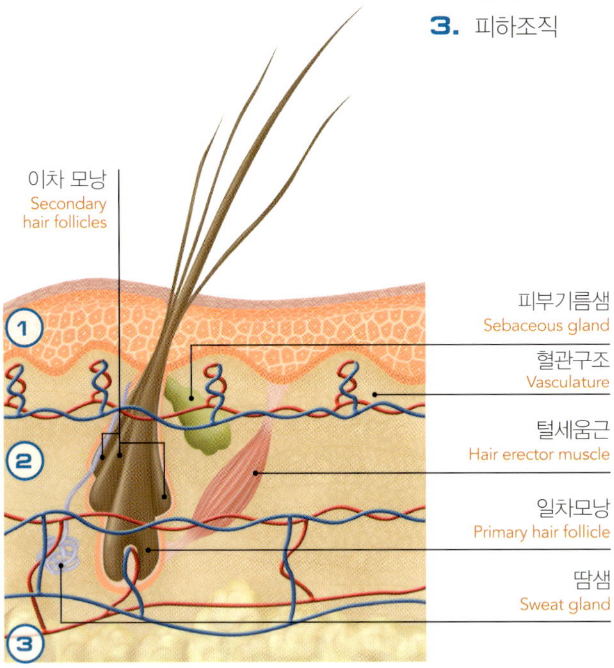

정상 털

털은 정해진 길이로 자라며, 이는 몸의 부위에 따라 다르며 보통 이미 성해져 있다.

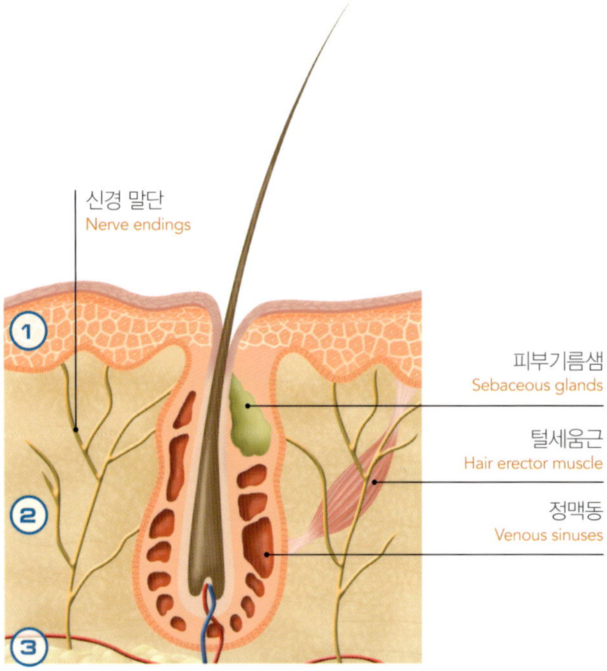

촉각털 혹은 코털

- 이는 코의 양 측면, 눈 위, 귀 아래(턱의 각진 곳) 그리고 손목 뒤쪽에 있다.
- 압력이나 공기의 흐름에 대해 매우 민감한 감각을 갖고 있다.

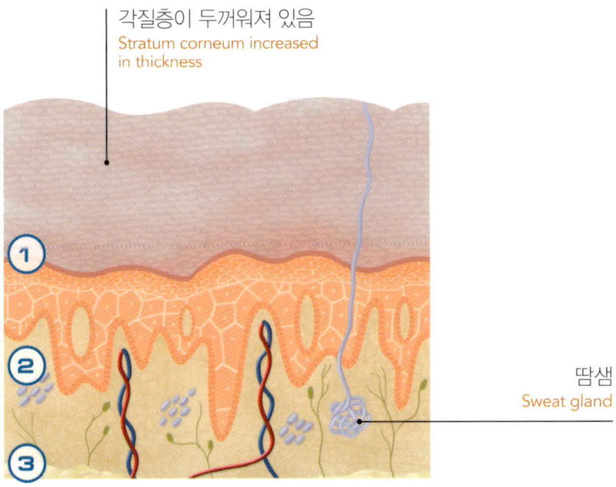

발바닥 패드

- 발바닥을 보호하고 쿠션 역할을 함
- 땀을 통해서 페로몬을 분비한다.

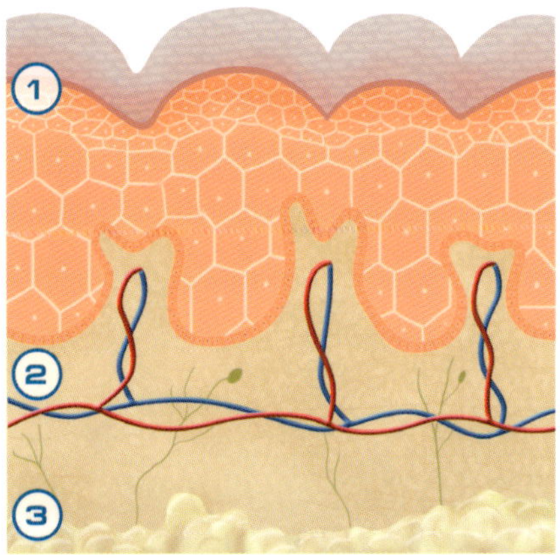

코 상피

- 고양이 종과 털에 따라서 다른 색을 띠고 있다.
- 온도와 촉촉한 정도가 항상 고양이의 건강 상태를 지시하는 것은 아니다.

피부와 부속기관 _Skin and anexa

42 발톱의 특징 _Characteristics of claws

발톱의 질병 _Disorders of claws

- 큰손발톱증: 비정상적으로 긴 발톱
- 조갑증: 발톱의 통증
- 발톱부러짐증: 발톱의 부러짐
- 감입발톱: 발톱의 내측 성장
- 발톱이상증: 발톱의 비정상적인 형성
- 발톱구만증: 발톱의 비대와 비정상적인 굽이
- 발톱탈락증: 발톱 빠짐
- 발톱연화증: 발톱이 물렁해짐
- 발톱세로갈림: 발톱이 세로방향으로 금이 가거나 부러짐
- 발톱갈림증: 발톱이 얇게 떠지거나 부서짐
- 발톱염: 발톱의 염증
- 발톱주위염: 발톱을 둘러싼 조직의 감염이나 염증

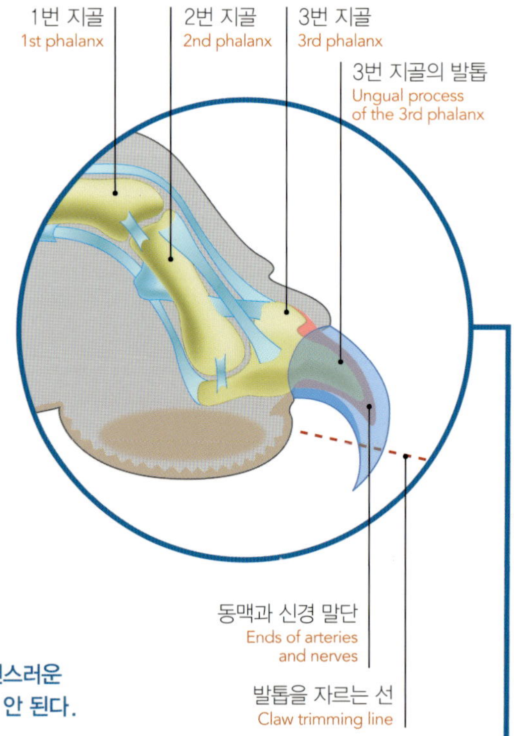

긁기는 고양이의 자연스러운 행동이며 제한해서는 안 된다.

권고사항

고양이가 소파나 가구를 긁지 않게 하기 위해서 다음과 같은 사항을 따르시오:

- 긁음 판을 고양이가 휴식을 취하는 공간에 둘 것
- 긁음 판은 견고하고, 긁을 때 흔들려서는 안 된다. Scratching post(양탄자를 덮어 고양이가 발톱으로 할퀼 수 있도록 만들어 놓은 나무조각)가 이상적이다.
- 고양이가 이미 소파나 다른 것을 긁는다면 이것들을 치우고 그 옆에 scratching post를 두는 것이 좋다.
- 긁음 판을 사용하도록 강요해서는 안 되며 대신 긁음 판을 사용하도록 놀이를 통해 북돋아줘야 한다.

피부와 부속기관 _Skin and anexa

43 고양이 여드름 _Feline acne

고양이 여드름은 털 기름샘의 활성이 증가하며 생긴 흑색면포이며, 피모가 밝은 고양이에서 잘 보인다.

피부 세포검사, 피부찰과표본, 생검과 세균, 곰팡이 배양 검사를 통해 진단할 수 있다.

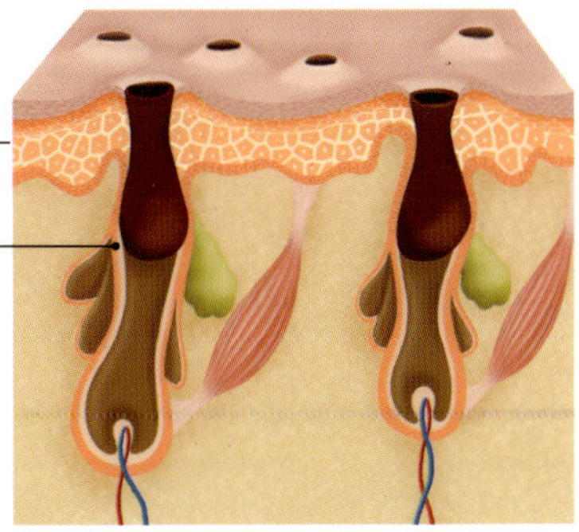

촉발 요인 _Triggering factors

여러 복합적 요인:

- 지방 생성 과다
- 면역 억제와 스트레스
- 면역 억제와 스트레스
- 호흡기 바이러스(직접적인 원인체일 수 있고 혹은 면역억제, 스트레스 상황에 의한 것일 수 있음)
- 세균 과증식

내과적 처치

심한 정도에 따라 여러 약물의 조합을(항생제, 항진균제, 스테로이드, 필수 지방산 등) 경구 혹은 경피로 적용할 필요가 있다.

임상증상 _Clinical signs

- 턱과 윗입술, 주둥이가 나뉘는 부분에 흑색면포
- 악화된다면 발적과 농포, 심지어는 딱딱한 염증성 결절이 나타날 수 있다. 매우 심한 경우에 농양이 나타날 수 있다.
- 세균 감염 시 가려움증

피부와 부속기관 _Skin and anexa

44 고양이 과민증 _Feline hypersensitivity

알러지 _Allergies

과민증은 일반적으로 유해하지 않은 외부물질에 대한 과하고 부적절한 면역반응이다. 피부와 가끔은 소화기 이상을 유발한다.

임상증상 _Clinical signs

하나 혹은 여러 양상의 가려움증을 보임:

- 대칭성 탈모
- 좁쌀 피부염
- 호산구성 육아종
- 목과 얼굴의 가려움증

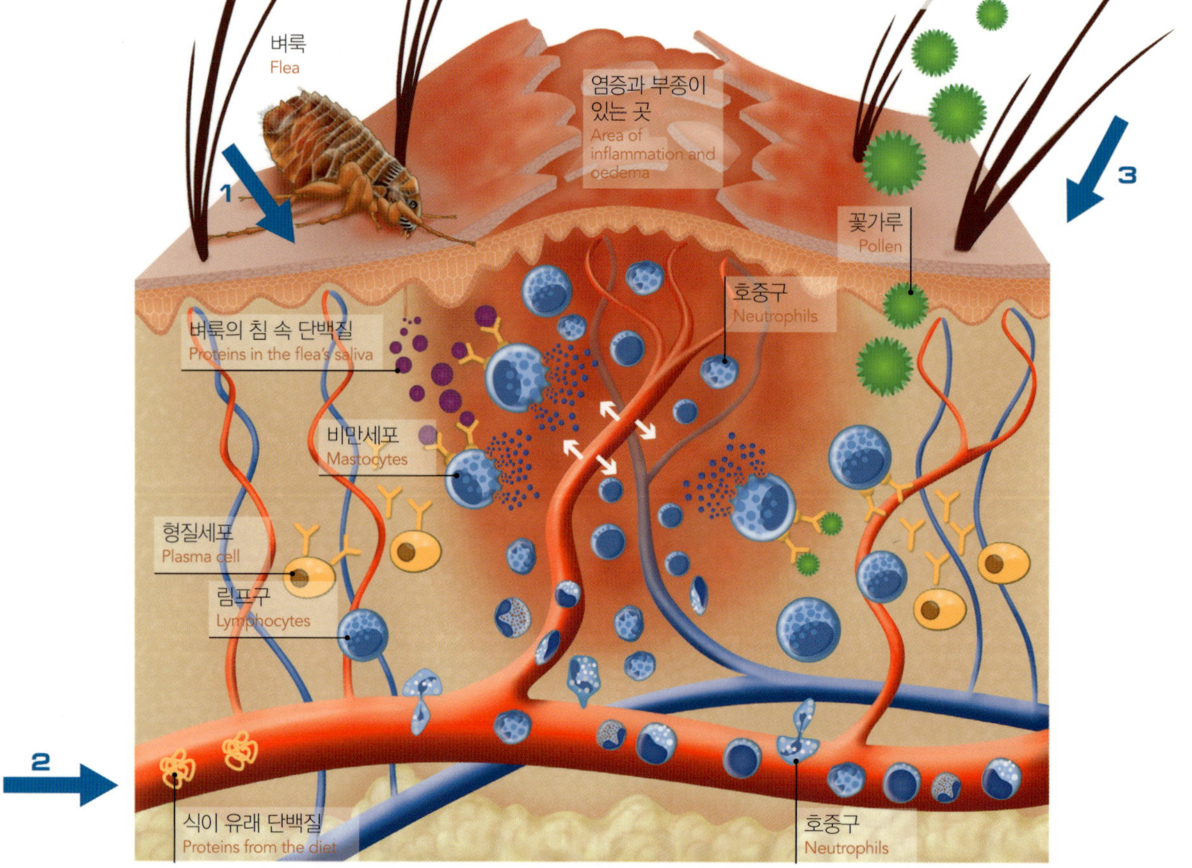

1

벼룩 물림에 대한 과민증

- 벼룩은 물린 곳에서 염증을 일으키는 물질을 유리함
- 과민증에 대해 첫 번째로 감별해야 하는 것이다.
- 치료: 성충 구제와 유충, 알을 환경에서 제거하는 제품을 사용한다.

2

음식 부작용

- 3개월령에서 12년령 사이의 고양이에서 나타남
- 피부와 혹은 소화기의 임상증상 덜 빈번한 경우: 지간 발적, 여드름, 발바닥 피부염, 결막염, 혈관 부종
- 알러지원: 물고기, 유제품, 소고기, 닭고기, 양고기, 글루텐, 첨가제, 옥수수, 쌀 등등
- 치료: 고양이가 알러지를 보이는 음식을 배제함

3

아토피성 피부염

- 6개월령에서 3년령의 고양이에서 발생
- 외이도염, 발바닥 피부염, 지루성 변화가 보일 수 있으며 함께 소양감과 앞서 말한 반응들이 나타날 수 있다.
- 알러지원: 집먼지 진드기, 꽃가루 등등
- 치료: 저민감화 백신(hyposensitisation)을 통한 면역치료(70~80%의 효과를 보임)

피부와 부속기관 _Skin and anexa

45 고양이 호산구성 육아종 _Feline eosinophilic granuloma complex

호산구성 육아종은 과민증(아토피, 음식 알러지, 벼룩 물림에 대한 과민증)에 의한 피부 반응이다.
세 가지 소견을 보인다: 무통성 궤양, 호산구성 육아종과 호산구성 플라크

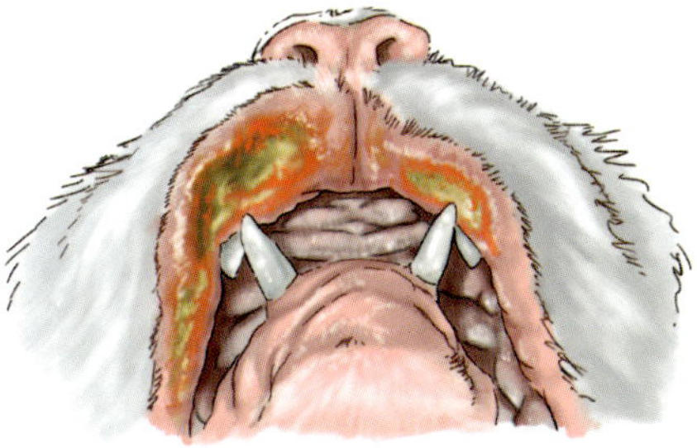

무통성 궤양 _Indolent ulcer

- 윗입술에 궤양성 병변이 보이며 경구개까지 퍼질 수 있다.
- 편측 혹은 양측성일 수 있으며 모양에 비해 통증을 유발하지는 않는다.

선형의 육아종 _Linear granuloma

- 노란색에서 핑크빛의 선형 병변이 한쪽 혹은 양측 뒷다리의 뒤 쪽에 나타난다. 구강이나 앞다리, 턱(턱 부종)에서도 나타날 수 있다.
- 소양감이나 통증은 없다.

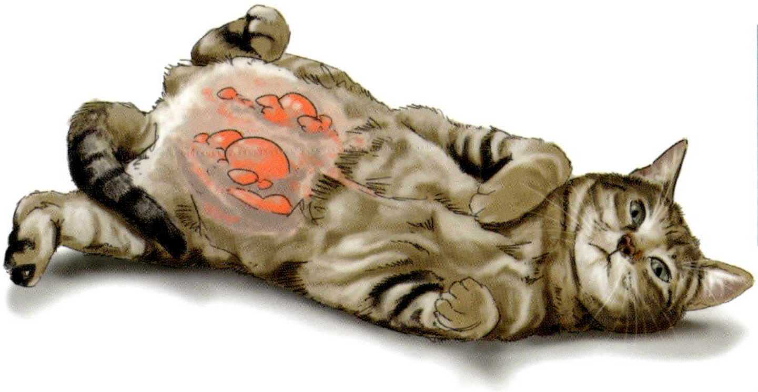

호산구성 플라크 _Eosinophilic plaque

- 플라크를 형성하는 홍반성, 궤양성 병변이 복부, 안쪽 넙다리, 사타구니부분, 목과 지간부에 나타난다.
- 소양감이 심하다.

내과적 처치

고양이의 과민증에 대한 진단과 치료

피부와 부속기관 _Skin and anexa

46 탈모 _alopecia

탈모를 진단할 때, 가장 먼저 탈모가 분포한 양상과 병발한 병변을 확인한다.

탈모의 분포 양상에 따른 임상적 접근			
국소적 혹은 다원성	불규칙성	국소부위성	전신성
■ 모낭충증 ■ 표재성 농피증 ■ 피부진균증 ■ 원형탈모증 ■ 피부무력증 ■ 당김성 탈모증 ■ 주사부위 염증반응 ■ 흉터 탈모증	■ 모낭충증 ■ 체이레티오시스 ■ 피부진균 ■ 이감염증 ■ 약물에 의한 발진 ■ 루푸스 병 ■ 휴지기 탈모증 ■ 부신기능항진증	■ 루푸스병 ■ 내분비성 탈모 ■ 부신기능항진증 ■ 심인성탈모 ■ 삭모 후 탈모 ■ 귀 탈모 ■ 후천성 대칭성 탈모증 ■ 신생물딸림성 탈모	■ 모낭충증 ■ 루푸스병 ■ 약물 반응 ■ 원형탈모증 ■ 털 감소증 ■ 휴지기탈모증
		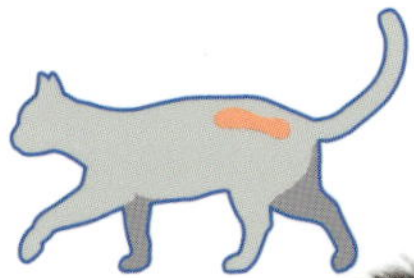	

국소성, 다원성, 불규칙성, 국소부위성 혹은 전신성 탈모와 더불어 원인에 따라서 이차적인 임상증상, 이를테면 소양감, 염증, 비듬, 딱지, 고름 물집 등이 병발할 수 있다.

진단 _Diagnosis

- 탈모의 원인 파악과 적절한 치료를 하기 위해 여러 가지 검사가 필수적이다.
- 일반적인 검사: 피부찰과표본, 모발계수, 진균배양, 피부 생검, 혈액검사와 호르몬 검사

피부와 부속기관 _Skin and anexa

47 페르시안과 히말라얀 고양이의 특발성 얼굴 피부염 _Idiopathic facial dermatitis in Persian and Himalayan cats

원인은 잘 알려져 있지 않다. 비정상적으로 풍부한 지질 분비물이 나타나고 이는 세균과 효모(말라세치아)의 양분이 된다. 10개월에서 6년령 사이의 고양이에서 나타나며 모낭충증, 고양이 여드름, 피부진균증, 과민증과 감별되어야 한다.

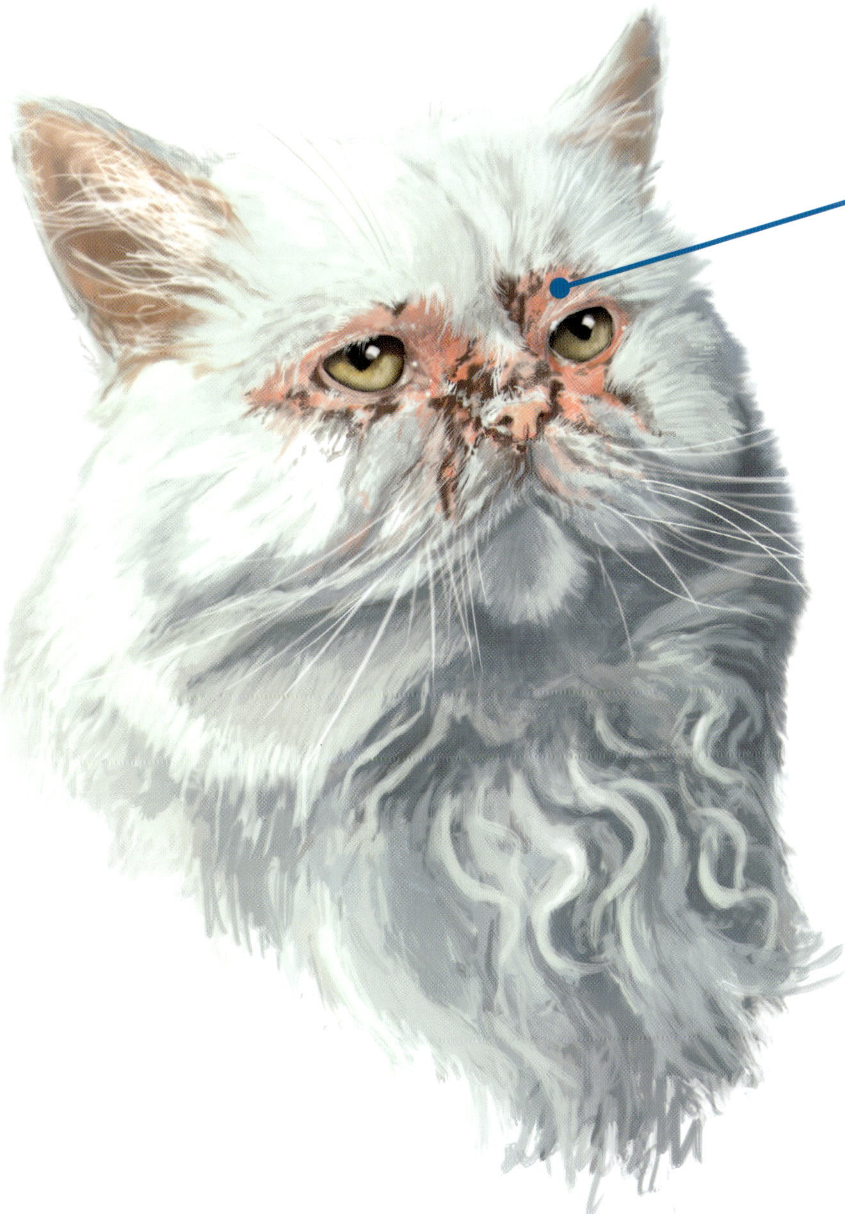

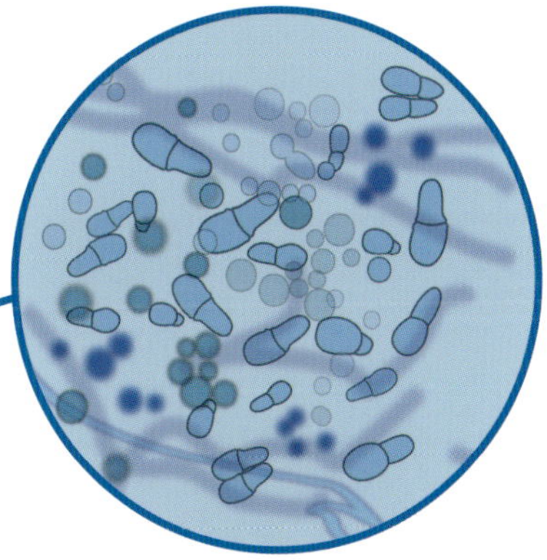

말라세치아 효모균
Malassezia yeasts

본 질병의 원인은 아직 밝혀지지 않았고, 완전히 효과적인 치료법도 없다.

임상증상 _Clinical signs

- 까만, 납양의 끈적한 부착물이 고양이의 턱과 눈 주변 피부 접힘 부분의 털을 엉겨붙게 한다 ("지저분한 얼굴 증후군").
- 이환된 부분의 다양한 정도의 발적
- 여러 증례에서 양측성 홍반성 피부염이 나타난다.
- 복합증으로서 세균과 말라세치아의 증식
- 하악하 림프절병증(가끔)

내과적 처치

- 내복약과 외용 로션을 이용한 세균과 효모균의 감염 관리가 중요
- 감염에 대한 관리가 된 후, PDS 혹은 사이클로스포린에 반응을 보이는 경우들이 있다.

피부와 부속기관 _Skin and anexa

48 백선증 _Dermatophytosis

작은포자균, 트리코피톤, 표피사상균 곰팡이에 의해 발생하는 피부, 털, 발톱의 감염이다.

2주 간격의 최소 2번의 음성 배양이 나올 때까지는 치료되었다고 판단되지 않는다. 양성이 나온다면 내과적 처치가 지속되어야 한다.

사람에게 전파 가능한 질병이다(인수공통전염병).

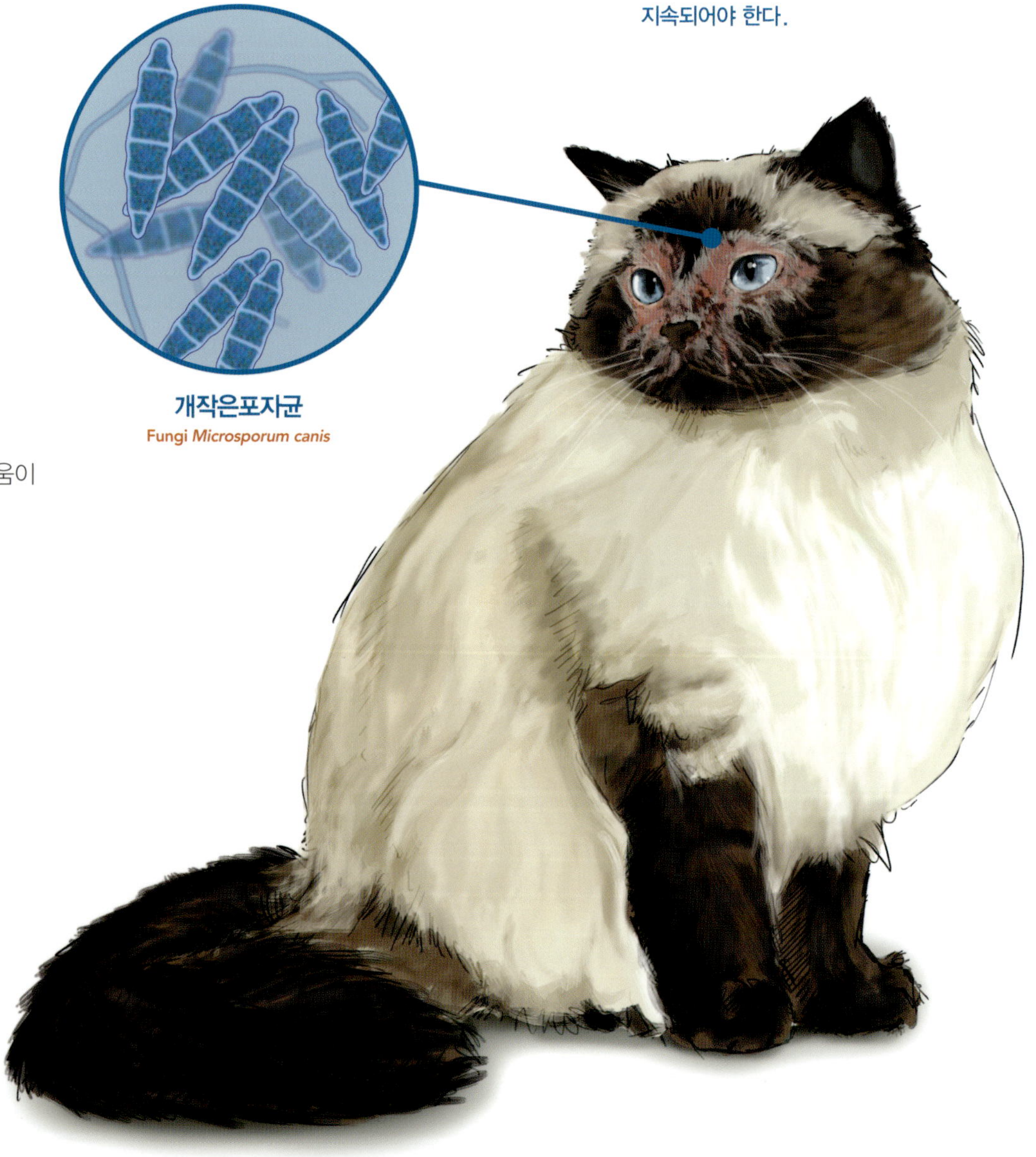

개작은포자균
Fungi *Microsporum canis*

임상증상 _Clinical signs

- 머리, 얼굴, 앞다리에 원형의 병변을 동반한 국소적 탈모
- 전신화될 수 있는 국소화 병변
- 피부각화
- 다양한 정도의 가려움증, 가려움이 없음부터 강한 가려움증
- 다양한 정도의 염증

선행요인 _Predisposing factors

- 1세령 미만의 고양이
- 장모
- 집단생활 고양이
- 면역억압
- 피부 외상, 열악한 환기 또는 피부의 과도한 습기

내과적 처치

- 국소: 샴푸 2회/주(환경에의 오염을 줄인다.)
- 경구 치료를 시작한 후에 2~3주는 삭모한다(환경에서의 오염을 줄이고, 가능한 재감염을 줄인다).
- 이트라코나졸을 이용한 경구(전신) 치료

권고사항

- 주변 소독: 매일 청소기를 돌리고 백을 자주 갈아준다.
- 항진균제의 사용은 집안 어디에나 적용하기 어렵기 때문에 제한적으로 사용한다.

피부와 부속기관 _Skin and anexa

49 고양이 옴진드기 _Feline notoedric mange

고양이 천공개선충에 의해 발생한다. 흔하지는 않지만 다른 동물들과 사람에도 영향을 줄 수 있다.

고양이 천공개선충은 고양이 얼굴, 머리, 목 피부에 굴을 파고, 알을 낳는다. 옴진드기는 이런 환경에서 48시간 동안만 살아남는다.

진단은 피부 찰과 표본을 통해 이루어진다.

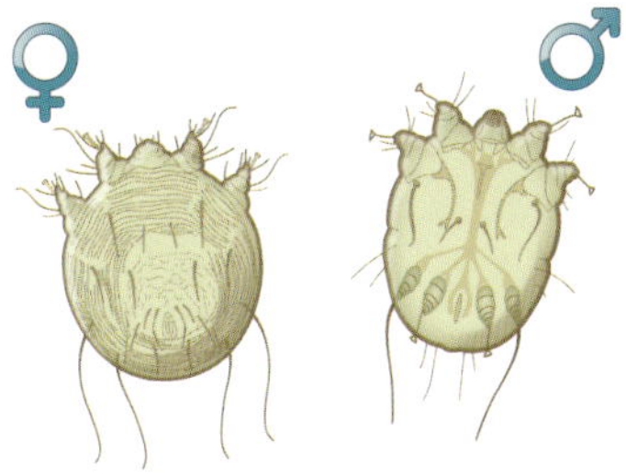

고양이 천공개선충
Notoedres cati mites

어리거나 허약한 고양이에서 가장 잘 이환된다.

내과적 처치

- 셀라멕틴, 목시덱틴, 플루랄라너, 사로라너 같은 항기생충 약물의 사용이 필요하다.
- 이환된 고양이와 접촉한 모든 동물들은 반드시 치료가 필요하다.

임상증상 _Clinical signs

- 귀 끝의 병변, 이후에 얼굴, 머리, 목으로 퍼진다. 두꺼워진 피부와 딱지로 덮여있다.
- 매우 심한 가려움증; 긁음으로 인한 병변이 감염될 수 있다.
- 그루밍으로 인해 옴진드기가 회음부와 사지로 퍼질 수 있다.

피부와 부속기관 _Skin and anexa

50 귀진드기에 의한 이염 _Otitis caused by Otodectes cynotis

귀진드기는 주로 이도와 귓바퀴에서 생활한다.
감염 고양이 또는 오염된 환경에 직접 접촉을 통한 전염성이 높다.

동일 실내 혹은 거주지, 동물 호텔 등에서 생활한 모든 고양이는 동시에 치료받아야 한다.

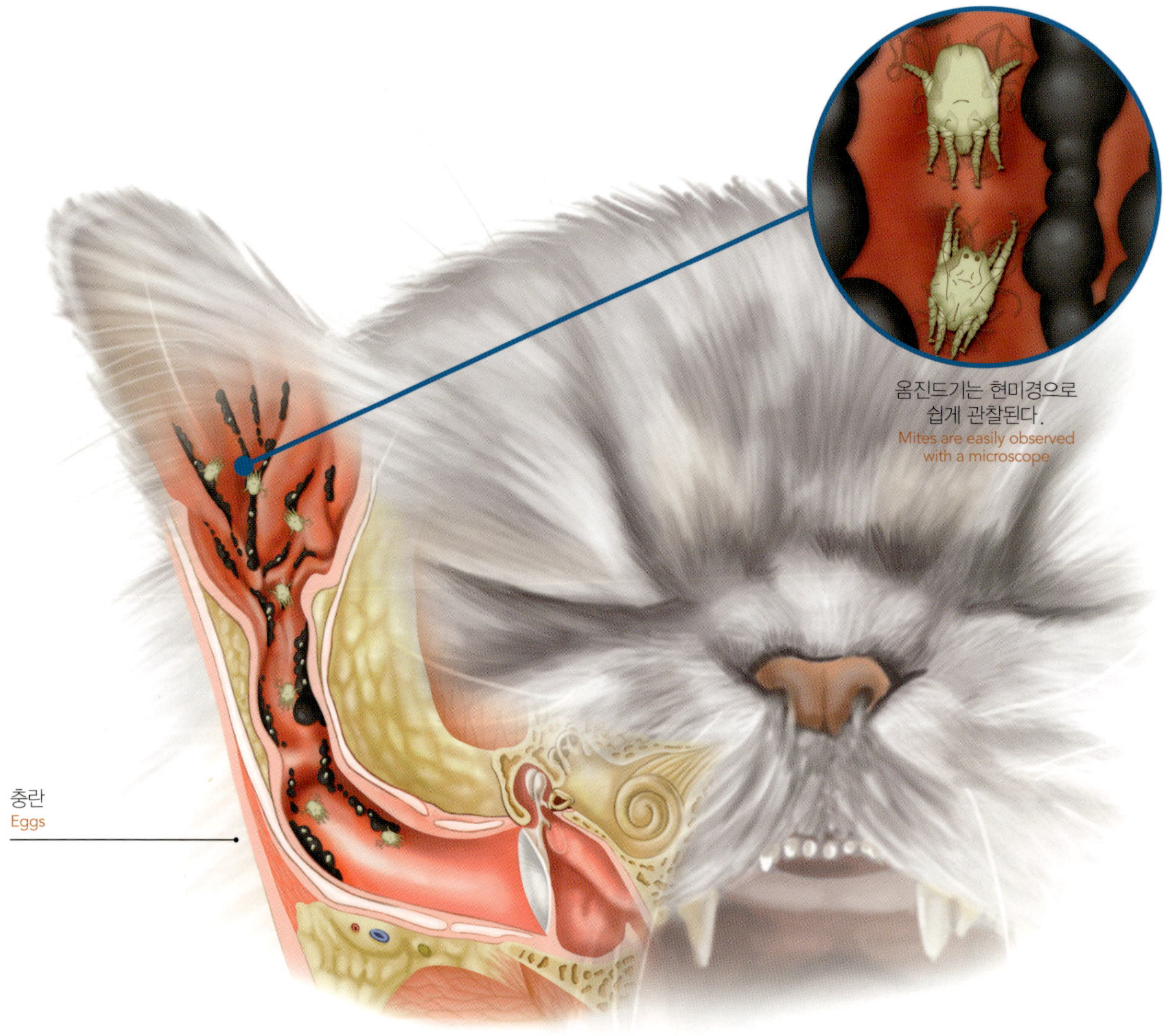

내과적 처치

- 귀 청소
- 국소 기생충제제의 단회 적용(주로 어깨 사이): 셀라멕틴, 목시덱틴, 플루랄라너, 사로라너가 효과적이다.

임상증상 _Clinical signs

- 양쪽 귀지샘 외이염
- 심한 가려움증을 동반한 과민반응, 긁음과 이차적 세균감염에 의한 병변
- 심한 경우, 중이염을 일으킬 수 있다.
- 때때로, 얼굴에 병변과 꼬리 끝 병변
- 가끔 좁쌀피부염

피부와 부속기관 _Skin and anexa

51 피부종양 _Cutaneous tumours

편평세포암종과 섬유육종 _Squamous cell carcinoma and fibrosarcoma

흰 털의 고양이에서 태양광 차단은 매우 중요하다(자외선 차단, 문신술).

주사부위 섬유육종은 몇몇 고양이에서 조직의 만성염증에 대한 비정상적 반응에 의해 발생한다.

피부 편평세포암종

- 코면, 눈꺼풀, 귀 끝에 나타난다.
- 옅은 털 색의 고양이 또는 털이 없는 부위에서 햇빛에 지속된 노출과 관련 있다.
- 딱지와 궤양화된 플라크가 나타난다.
- 치료: 질병의 범위와 심각도에 따라 수술, 방사성요법 또는 면역조절 요법

섬유육종(주사부위 육종)

- 백신, 약물(장기간 지속 항생제, 코르티코스테로이드), 이외 물질(비흡수성 봉합사, 마이크로칩)의 주입부위에 발생한다.
- 종양은 1개월령에서 10년령 사이의 고양이에서 주사 후에 나타난다.
- 성장이 빠르고, 단단하고 견고한 결절을 형성한다.
- 치료: 종괴 범위에 따라 화학요법과 방사성요법을 동반한 수술적 처치

피부와 부속기관 _Skin and anexa

52 고양이에서의 외부기생충 _Ectoparasites in cats

벼룩

- 고양이에서 가장 흔한 외부기생충
- 숙주 내로 침을 주입하기 때문에 흔히 알러지성 피부염을 일으킨다.
- 고양이 감염성 빈혈 같은 질병을 전파할 수 있다.
- 고양이에서 영원히 살 수 있다.
- 한 마리의 암컷은 하루에 50개의 알을 낳을 수 있다.
- 알은 바닥에 떨어져서 유충, 번데기, 성충이 된다.

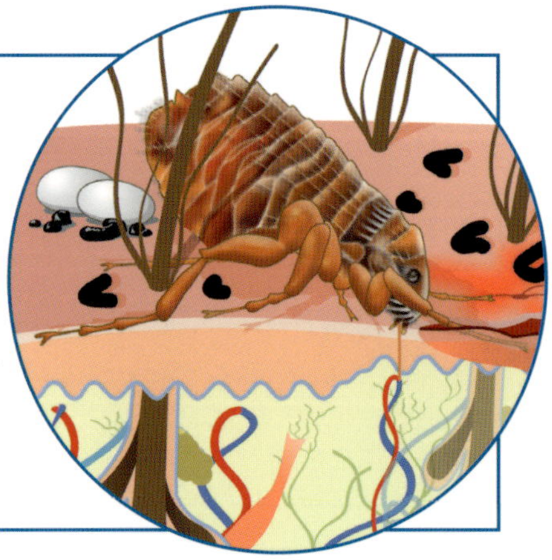

고양이와 주변 환경 모두에 벼룩에 작용하는 항기생충제를 적용해야 한다.

참진드기

- 보통 뿔진드기속이다 (개 진드기).
- 숙주에 독소를 주입하기 때문에 국소적인 자극을 유발한다.
- 질병을 전파할 수 있다 (엘리키오증, 라임병, 바베스열원충증).

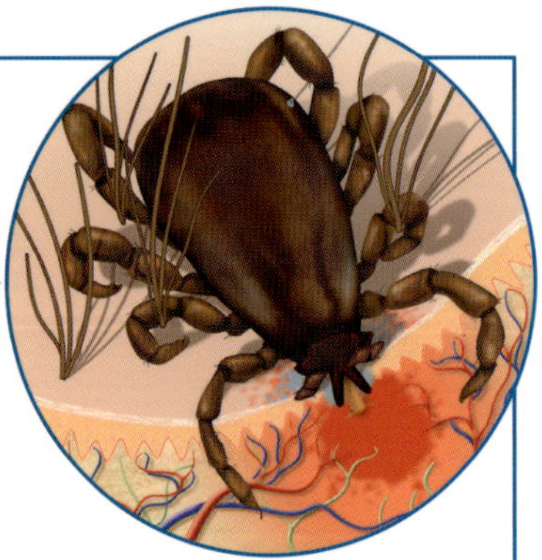

모기

- 털이 적은 부위를 문다: 귀 끝, 코, 발바닥 패드
- 흔히 알러지성 피부염을 일으킨다.
- 리슈마니아증과 사상충증을 전파한다.

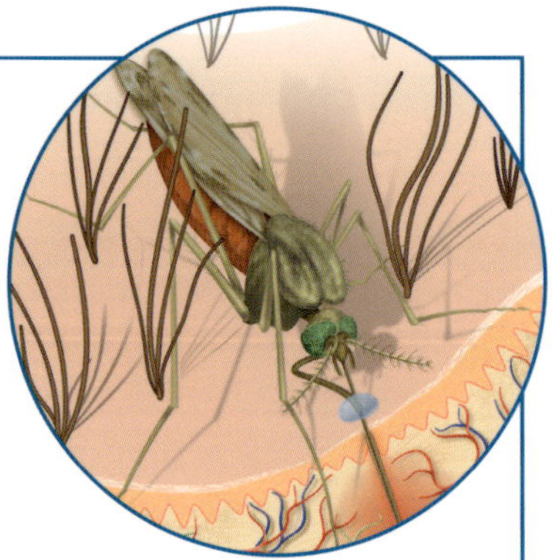

옴진드기*

- 고양이 모낭충: 모낭충증은 고양이에서 흔하지 않다. 매우 경미한 임상증상부터 심각한 질병까지 일으킨다.
- 체이레티엘라 (*Cheyletiella*): 크고 하얀 옴진드기로 비듬처럼 보인다.

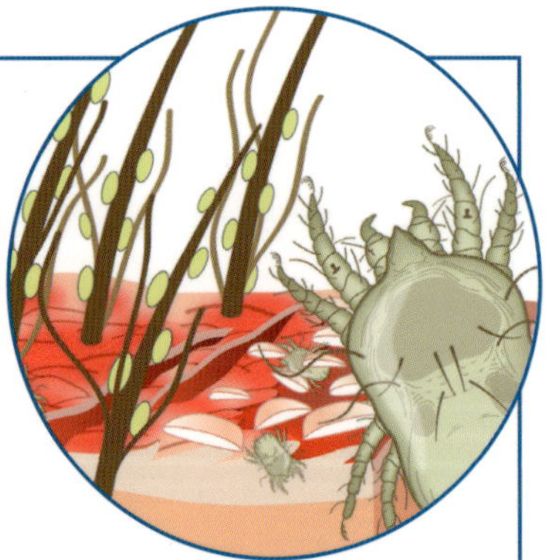

체이레티엘라
Cheyletiella

이

- 고양이 이는 고양이털이로 사람에게 옮지 않는다.
- 매우 흔하지 않다.
- 주로 열악한 환경에 사는 어린 고양이에 영향을 준다.

* 고양이천공개선충과 귀진드기는 49번, 50번에 각각 나와있다.

치과 _Dentistry

53 하악의 병변 _Lesions of the mandible

하악 결합의 외상성 분리: 원형와이어를 이용한 고정

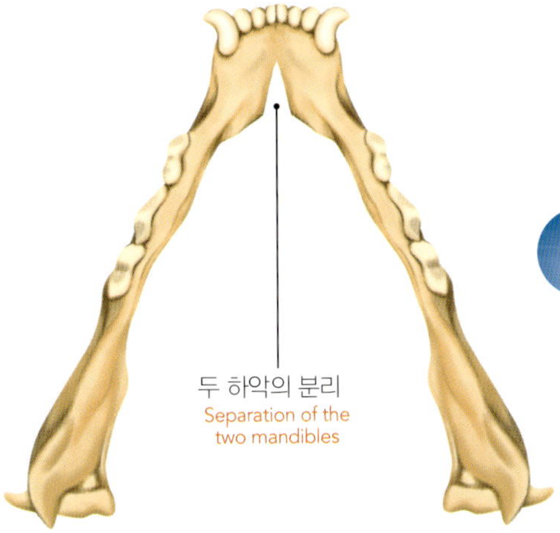

송곳니에서 송곳니까지 치과재료와 덧대 고정을 적용하여 수복할 수도 있다.

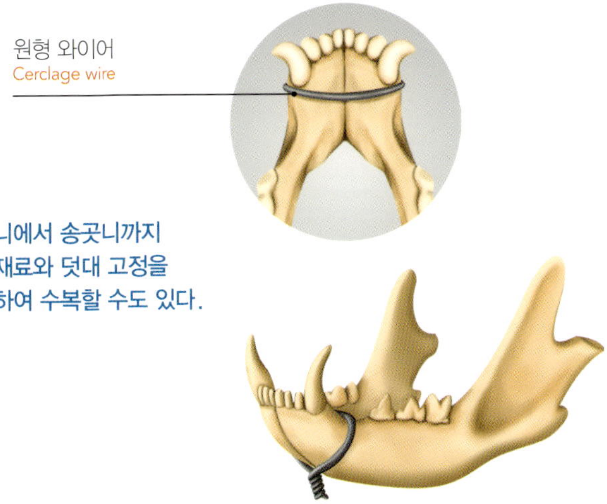

턱관절 탈구

턱관절 탈구는 외상(낙상, 교통사고)으로 인해 발생하며 대부분 한쪽에만 발생하나, 경우에 따라 양측성으로 발생할 수도 있다. 발구는 앞쪽 위 혹은 뒤쪽 아래 방향으로 발생하며, 뒤쪽 아래 방향으로 발생 시 관절부의 골절과 연관되어 예후가 좋지 않다.

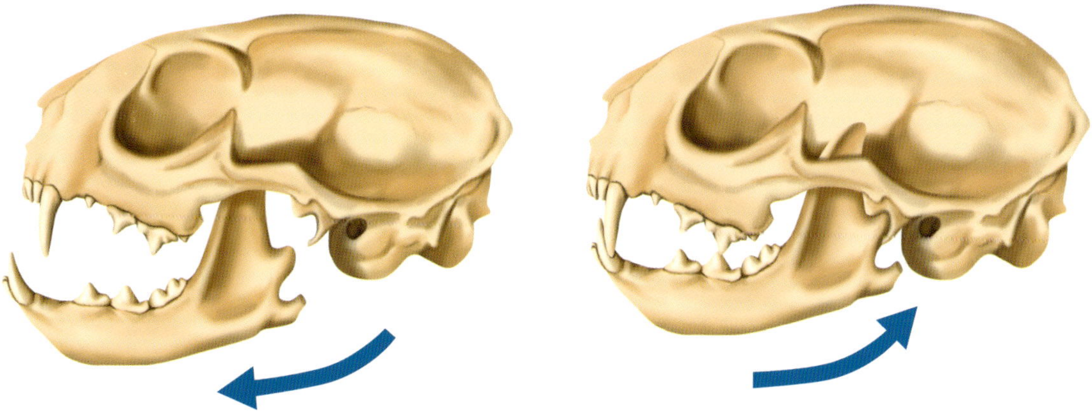

내과적 처치

탈구의 환납 및 운동제한

수술적 처치

관절유합의 예방을 위해 관절골절 시 실시한다.

임상증상 _Clinical signs

- 하악의 벌어짐 및 부정교합
- 입을 다물지 못함
- 과다 침분비

치과 _Dentistry

54 고양이의 치아 _Teeth in cats

유치와 영구치 _Deciduous and permanent teeth

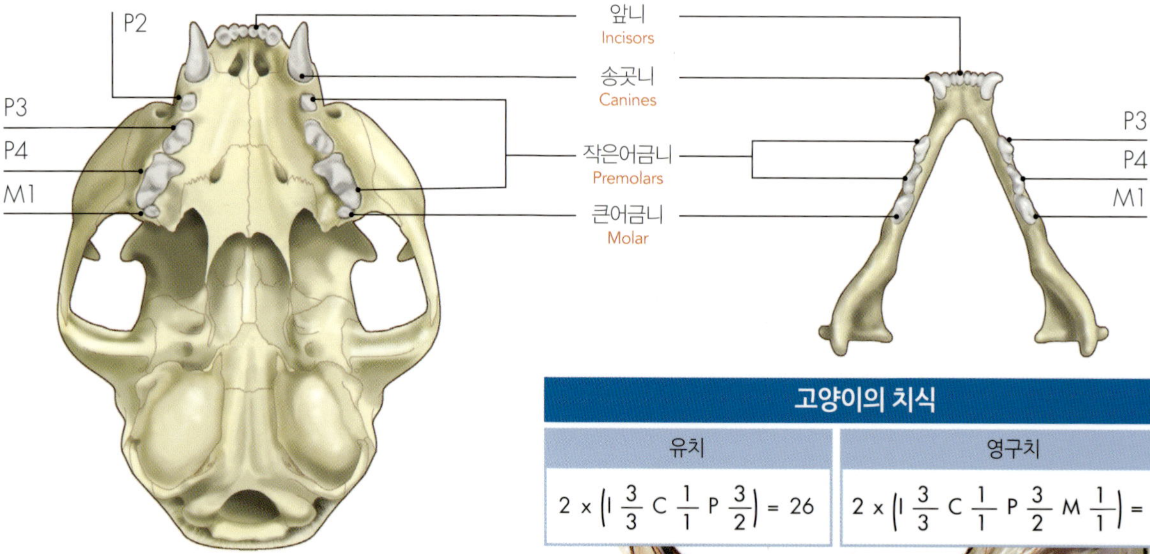

고양이의 치식	
유치	영구치
$2 \times \left(I\,\frac{3}{3}\;C\,\frac{1}{1}\;P\,\frac{3}{2}\right) = 26$	$2 \times \left(I\,\frac{3}{3}\;C\,\frac{1}{1}\;P\,\frac{3}{2}\;M\,\frac{1}{1}\right) = 30$

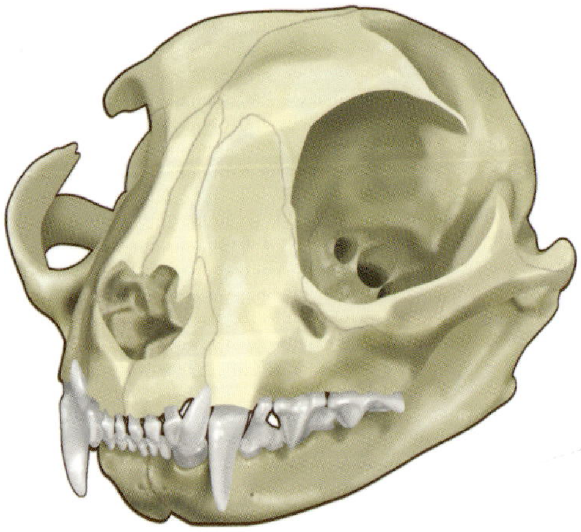

유치의 이돋이

- 앞니: 2~3주
- 송곳니: 3~4주
- 작은어금니: 3~6주
- 큰어금니: 없음

영구치의 이돋이

- 앞니: 3~4개월
- 송곳니: 4~5개월
- 작은어금니: 4~6개월
- 큰어금니: 4~5개월
- 치아의 완성은 6개월령에 이루어진다.

치과 _Dentistry

55 치주질병 _Periodontal disease

치주질병은 세균에 의한 질병이며, 2가지 단계로 나뉜다:

1. **치은염**: 수 시간, 수 일에 걸쳐 치아에 쌓인 세균 플라그에 의해 나타나는 초기 단계. 균막은 미네랄화되며 치석을 형성한다. 이 균들로 인해 염증 반응이 유발되고, 잇몸에 염증이 생긴다. 이 시기에서의 치료는 양호하다.
2. **치주염**: 균의 증가 및 만성 염증에 의해, 치아를 보조해주는 주변 조직들에 비가역적 손상이 유발되며, 궁극적으로 치아가 소실된다. 손상된 조직을 치료할 수 없고, 치아의 소실을 막기 위한 치료를 한다.

단계

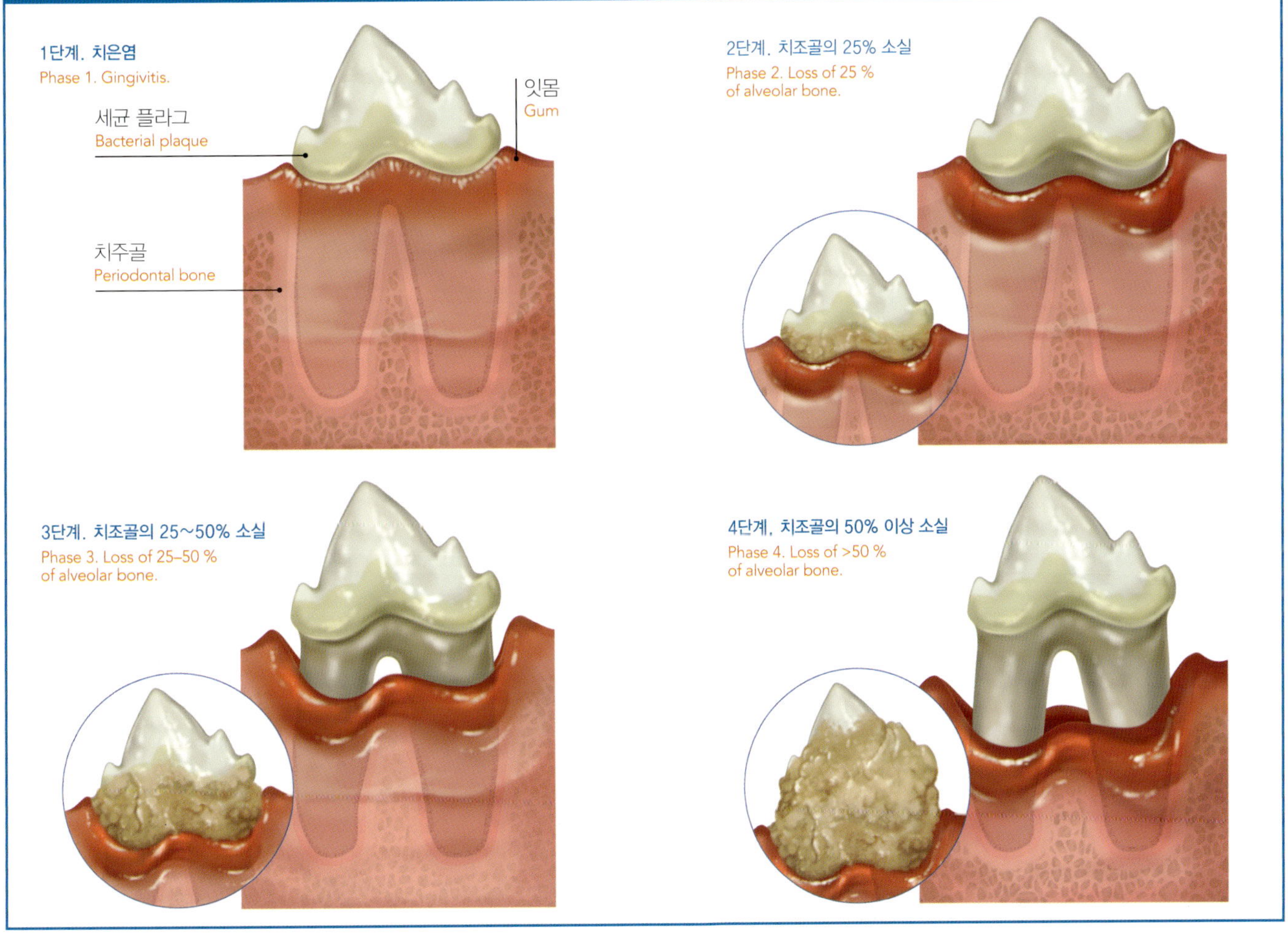

치료

치은염:

- 치석 제거를 위해 병원에 내원하여 스케일링 및 폴리싱
- 집에서 칫솔, 치약을 이용한 구강 플라그 케어

치주염:

- 잦은 스케일링 및 폴리싱
- 심각도의 평가를 위한 치과 방사선
- 치은절제술
- 심하게 손상된 치아의 발치

치과 _Dentistry

56 고양이 치아흡수성 질병 _Tooth resorption in cats

가성 우식 _False caries

고양이 치아흡수성 병변은 전 세계적으로 발생이 잦은 고양이 구강질환 중 하나이다. 원인은 아직 알려져 있지 않고, 치아의 목, 뿌리, 치아머리의 조직의 파괴를 일으킨다.

병변은 치태나 염증이 있는 잇몸으로 덮여 알아채지 못하고 지낼 수 있다. 보호자는 보통 질병상태를 알아채지 못한다.

치과 방사선사진이 정확한 병변의 정도를 판단하는 데 필수적이다.

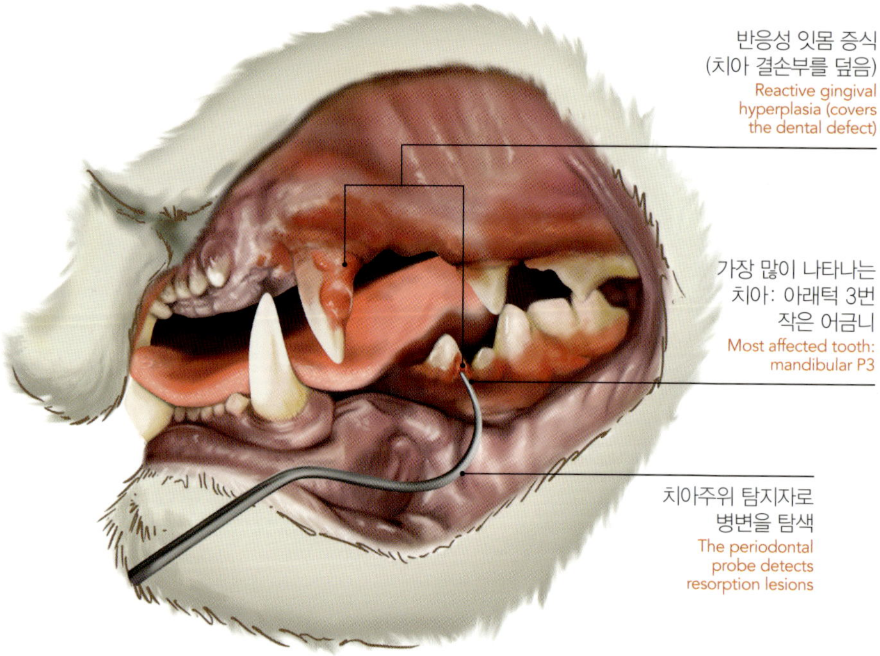

고양이 치아흡수성 병변은 저작 중 통증을 일으킨다. 고양이 중 알약을 먹기 싫어하는 흔한 이유 중 고양이 치아흡수성 병변에 의한 통증과 관련이 있는 경우가 있다.

The American College of Veterinary Dentistry는 치아흡수의 심각도와 위치에 따라 5 단계로 분류한다.
(Class 1 : 병변 없음)

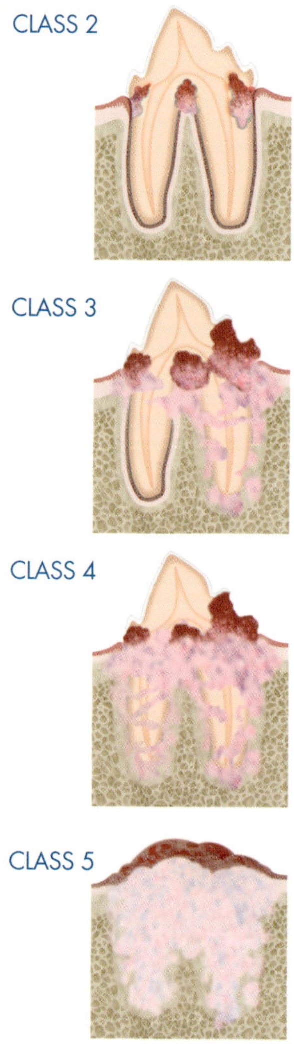

내과적 처치

본 질병은 예방법 혹은 치료법이 없다.

수술적 처치

이환된 치아의 통증을 없애주기 위해 발치가 지시된다.

임상증상 _Clinical signs

- 행동과 식습관의 변화(이환된 고양이는 부드러운 음식을 선호하거나 음식을 먹으려 하지 않음)
- 침흘림을 보이거나 통증 반응을 보임 (손바닥으로 입을 만짐)

치과 _Dentistry

57 고양이 만성 치은구내염 _Feline chronic gingivostomatitis

통증이 매우 심한 궤양성 변화가 침과 세균성 플라크가 닿는 모든 조직에서 나타남: 잇몸, 점막, 입천장혀활, 연구개

진단 _Diagnosis

- 구강 점막 시료로 칼리시바이러스를 진단하기 위한 PCR검사
- 치과 방사선: 고양이 치아흡수성 병변이나 치주질환 진단
- 생검: 편측성으로 이환되거나 증식성인 경우에만(비정형인 경우)
- 심한 경우 입천장혀활의 세균배양

고양이 만성 치은구내염은 다음과 같은 상황 중 하나 이상에 대한 국소 면역계의 과민반응에 의해 발생한다: 세균성 플라크, 치주질환, 칼리시 바이러스, 고양이 치아흡수성 병변

내과적/수술적 처치

원인과 심한 정도에 따라 여러 가지 방법:

- 통증관리: 비스테로이드성 소염제와 아편제
- 치주질환: 치아 세척, 이환된 치아의 발치와 항생제 치료
- 고양이 치아흡수성 병변: 이환된 치아의 발치
- 칼리시바이러스: 면역 조절

치료에 반응이 없거나 매우 심한 환자의 경우: 진통제, 항균제, 면역억제제 치료와 함께 모든 치아를 발치(송곳니를 가능한 제외하고)

전발치 후에도 개선이 없는 경우, 줄기세포 치료가 도움이 될 수 있다.

소화기계 _Digestive system

58 고양이 위장관염증성 질병 _Feline gastrointestinal inflammatory disease

소화기계 점막의 염증을 특징으로 하는 위장관계 장애 환자들이다.
다인성 기원: 유전적, 면역 변화, 소화관 균총의 변화

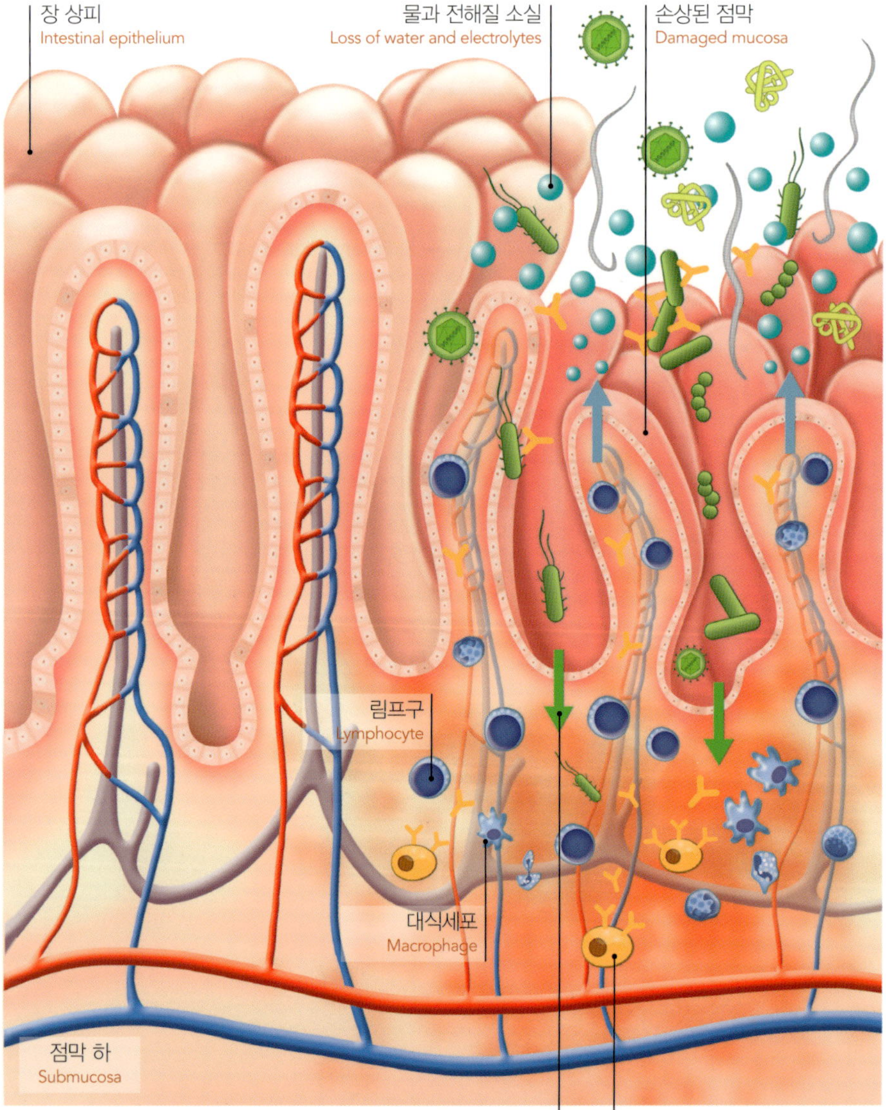

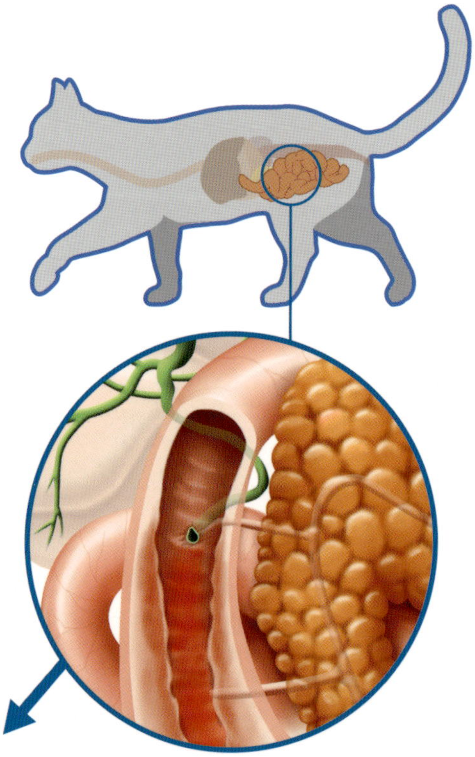

임상증상 _Clinical signs

- 정도가 다양한(개선기간과 재발기간) 만성 위장관 증상(3주 이상): 구토, 설사, 식욕부진, 체중감소, 식욕장애
- 식이변화 또는 대증요법에 반응이 없다.

구토에 만성 설사가 동반하거나 하지 않는 고양이에서 가장 흔히 진단되는 질병이다.

진단 _Diagnosis

- 장염을 일으키는 다른 원인들을 배제한다: 기생충, 내분비병증, 음식에 대한 부작용 등
- 내시경 혹은 수술을 통한 위, 십이지장, 회장, 공장의 생검(복강경 혹은 개복)

내과적 처치

- 코르티코스테로이드
- 메트로니다졸
- 중간엽줄기세포 치료

식이요법

저알러지 식이
(새로운 사료 또는 가수분해사료)

소화기계 _Digestive system

59 저등급 림프종 _Low-grade lymphoma

저등급 림프종(LGL)은 장 융모의 기저에서 유래하는 T세포 종양이며, 8년령 이상의 고양이에서 주로 발생한다. 고양이 림프종의 10~13%를 차지한다.

임상증상 _Clinical signs

- IBD에서의 증상과 같이 구토와 만성 설사를 보인다.
- 특정 고양이에서는 식욕은 좋으나, 점진적인 체중 감소가 주 증상이다.

진단 _Diagnosis

- 염증성장질병(IBD)처럼 진단은 만성 소화기 증상을 유발하는 다른 질병들의 배제를 통해 이루어진다.
- 생검:
  - 소화기 내시경을 통한 십이지장, 회장, 공장의 생검
  - 간이나 췌장의 생검이 같이 필요하다면, 복강경 혹은 개복을 통한 방법

LGL이 단일의 장관에만 병발하고, 나머지 장관은 IBD에 영향을 받는 일은 흔하다. 따라서 반드시 모든 영역의 장이 생검되어야 한다: 십이지장, 회장, 공장

치료

PDS 및 클로람부실의 경구제를 포함한 적절한 치료가 동반될 시, 생존기간이 매우 길고(2년 이상) 환자가 좋은 삶의 질을 유지할 수 있다.

소화기계 _Digestive system

60 지방간증 _Hepatic lipidosis

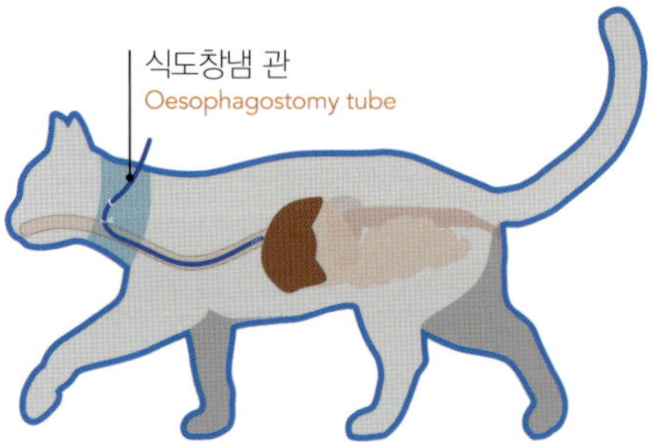

간세포의 세포질 내에 지방이 축적되어 부적절한 간의 기능을 유발한다.
고양이에서 가장 많이 발생하는 간 질병이다.

지방간증이 병발한 대부분의 고양이는 비만 경력이 있다.

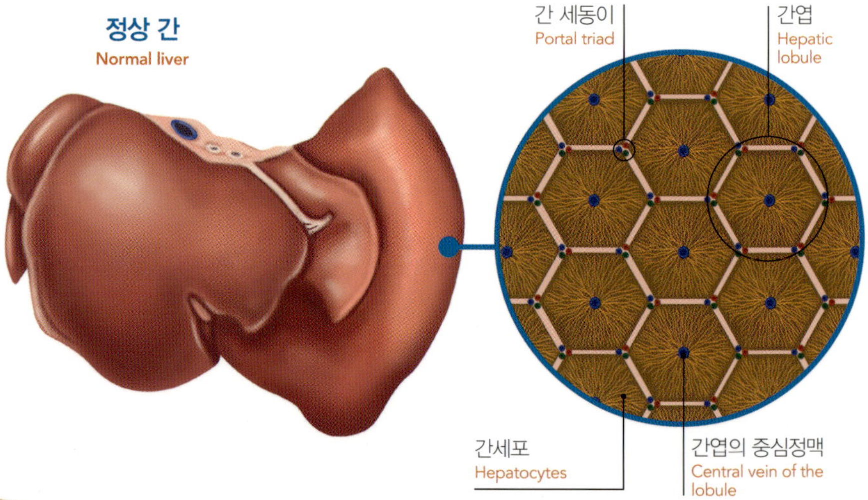

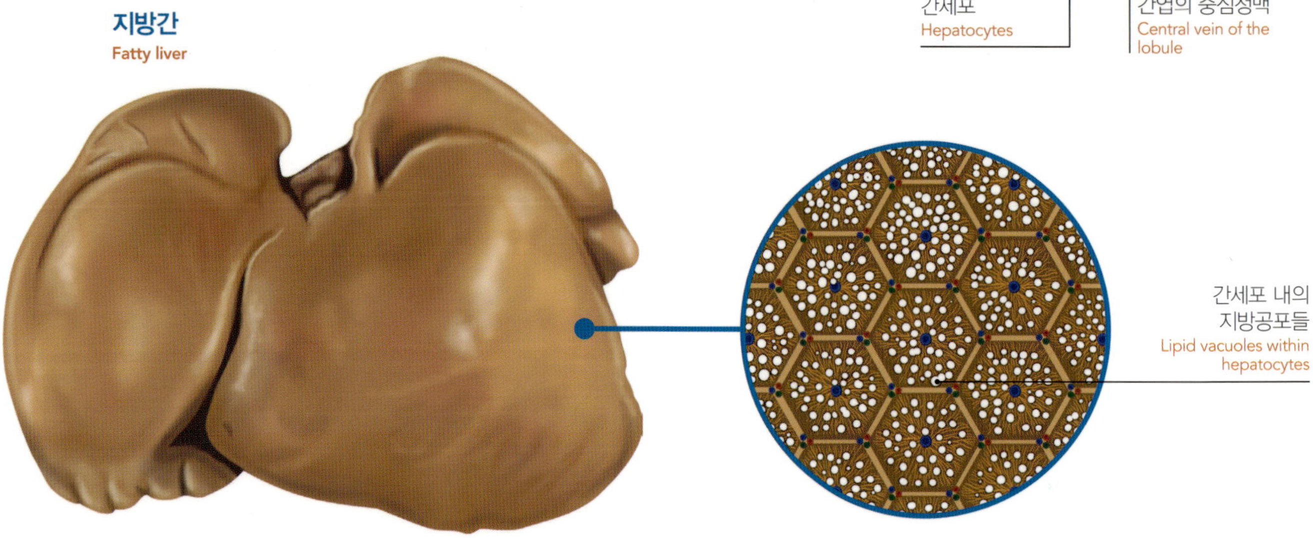

원인 _Causes

- 식욕부진이 지속되는 기간 동안 약 30%의 체중이 감소하면서 발생한다.
- 지질증은 식욕부진을 유발하는 다른 질병에 속발하여 나타날 수 있다. 가장 흔한 원인은 담관염, 염증성 장 질병, 췌장염이다.

임상증상 _Clinical signs

- 황달(공막, 점막, 연구개에 황색 색소침착), 식욕 부진, 간헐적 구토를 동반한 침울상태
- 복수(복강 내 액체저류) 같은 다른 임상증상과 발열은 덜 흔히 나타난다.

내과적 처치

치명적인 질병일지라도, 60% 이상의 고양이는 식도창냄 관을 이용한 영양 공급, 내과적 집중치료를 통해 회복된다.

소화기계 _Digestive system

61 담관염 _Cholangitis

담관염은 담관의 염증을 의미한다. 두 가지 유형이 있다:
장에서 담관으로 세균의 이동에 의해 발생하는 호중구형, 면역매개성으로 발생하는 림프구형

장에서 췌장, 간으로도 혈행을 통한 세균 이동이 가능하다.

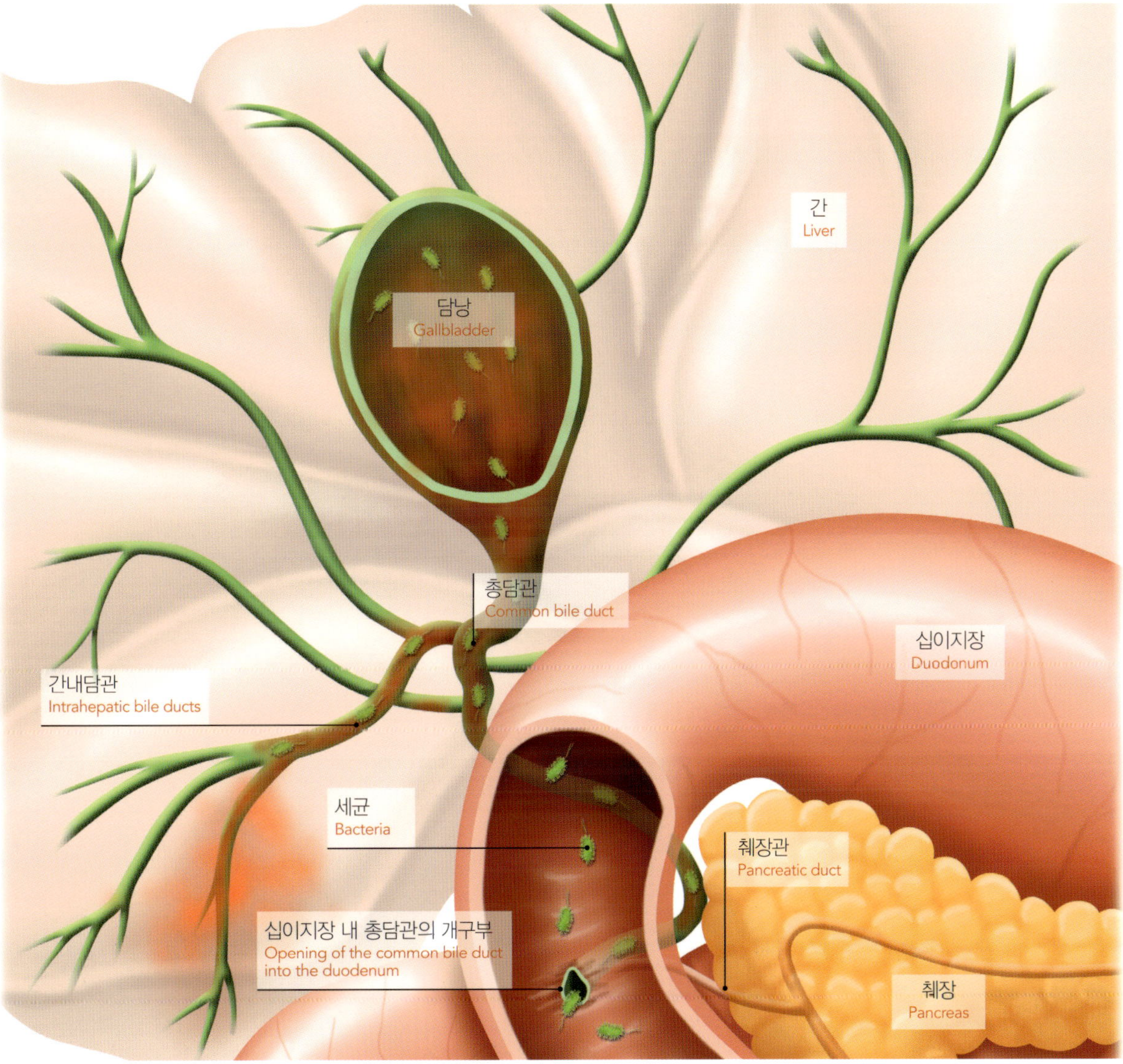

임상증상 _Clinical signs

- 식욕부진, 체력 저하
- 체중감소
- 호중구성 담관염의 경우 발열
- 황달
- 간 비대
- 복수, 특히 림프구성 담관염의 경우

진단 _Iagnosis

두 가지 유형을 감별하기 위해 여러 검사가 필요하다:

- 혈액검사(간 기능)
- 복부 초음파
- 담즙 배양
- 생검(초음파 가이드하 또는 복강경 또는 개복술 이용)

소화기계 _Digestive system

62 췌장염 및 세동이염 _Pancreatitis and triaditis

세동이염은 췌장염, 장염, 담관염의 동시 발생을 의미한다. 고양이에서는 췌장관이 십이지장에 개구하기 전에 총담관에 연결됨에 따라 발생한다.

이는 십이지장에서부터 균이 총담관을 통해 췌장 및 간으로 역류되며 발생한다. 몇몇 케이스에서는 균의 변위가 원인이 된다.

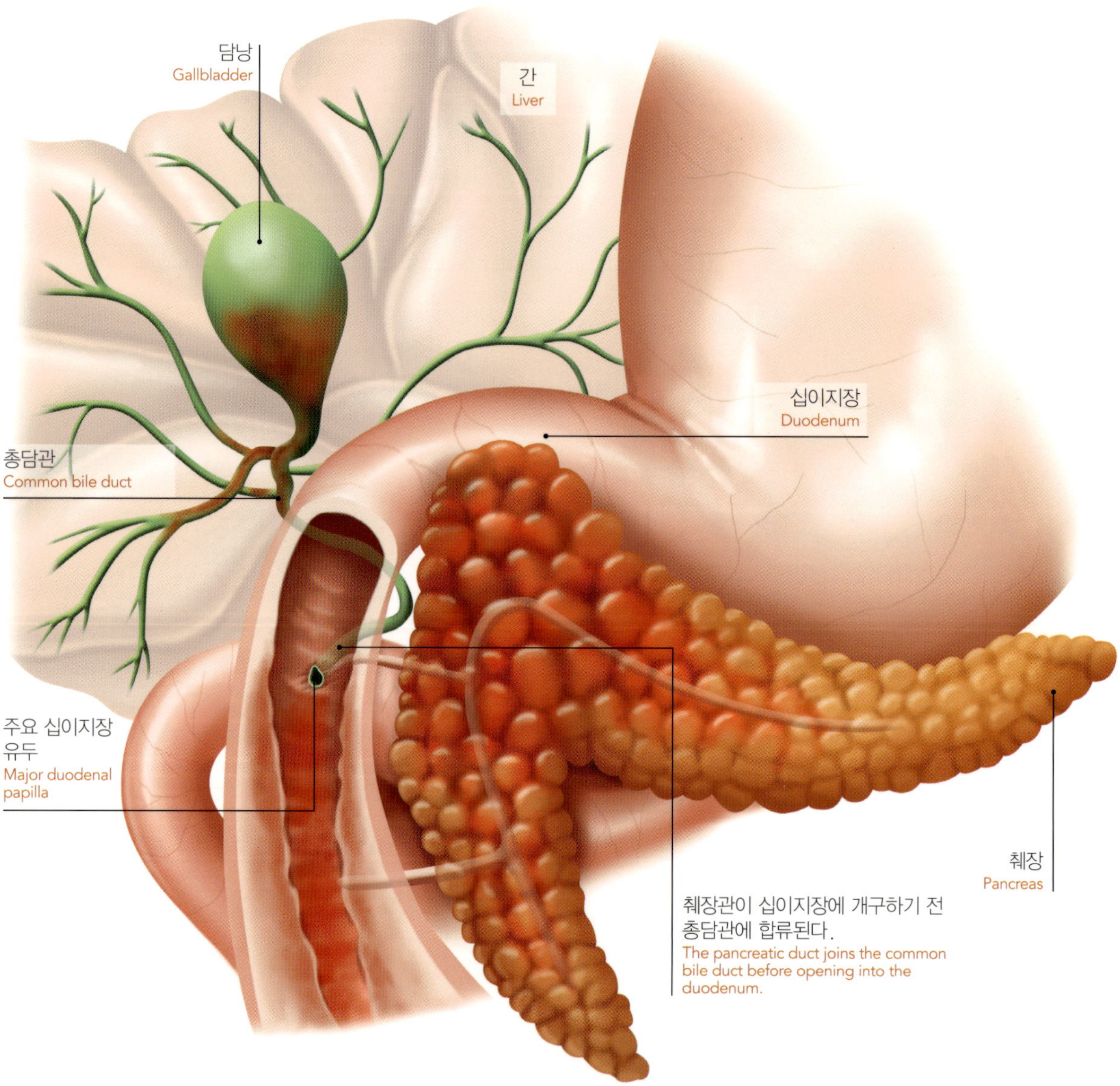

췌장염의 원인 _Causes of pancreatitis

- 약물과 독성물질(유기인산염)
- 감염원: 톡소플포자충, 강독성 칼리시바이러스, 고양이 감염성 복막염 바이러스, 범백혈구감소증 바이러스, 허피스바이러스
- 외상
- 저혈압
- 종양에 의한 폐색
- 장 염증성 역류에 의한 십이지장 역류
- 담관염에 의한 담즙 역류

임상증상 _Clinical signs

- 매우 다양하다.
- 침울, 만성 구토, 체중감소가 가장 흔한 증상이다.
- 다른 증상: 설사, 탈수, 황달, 심한 경우엔 호흡곤란, 복통, 쇼크

소화기계 _Digestive system

63 털 위석에 의한 장폐색

_Intestinal obstruction due to trichobezoars

모구 _Hairballs

털 위석은 고양이가 그루밍 중 삼킨 털이 위장관에 쌓여 형성된다. 그러나 고양이가 모구를 토하는 것이 정상적인 행동이 아니다. 75% 이상의 단모종과 50% 정도의 장모종에서는 구토를 보이지 않는다.

잦은 털 위석의 배출은 정상으로 여겨졌었으나, 이는 잘못된 사실이다.

임상증상 _Sign of disease

특히 단모종에서 털 위석의 잦은 배출은 다음과 같은 신호이다:

- 염증성 소화기계 문제: 위장관 염증성 질병, 식이 부작용 등
- 피부 문제: 그루밍 횟수 증가(외부기생충, 과민증 등)

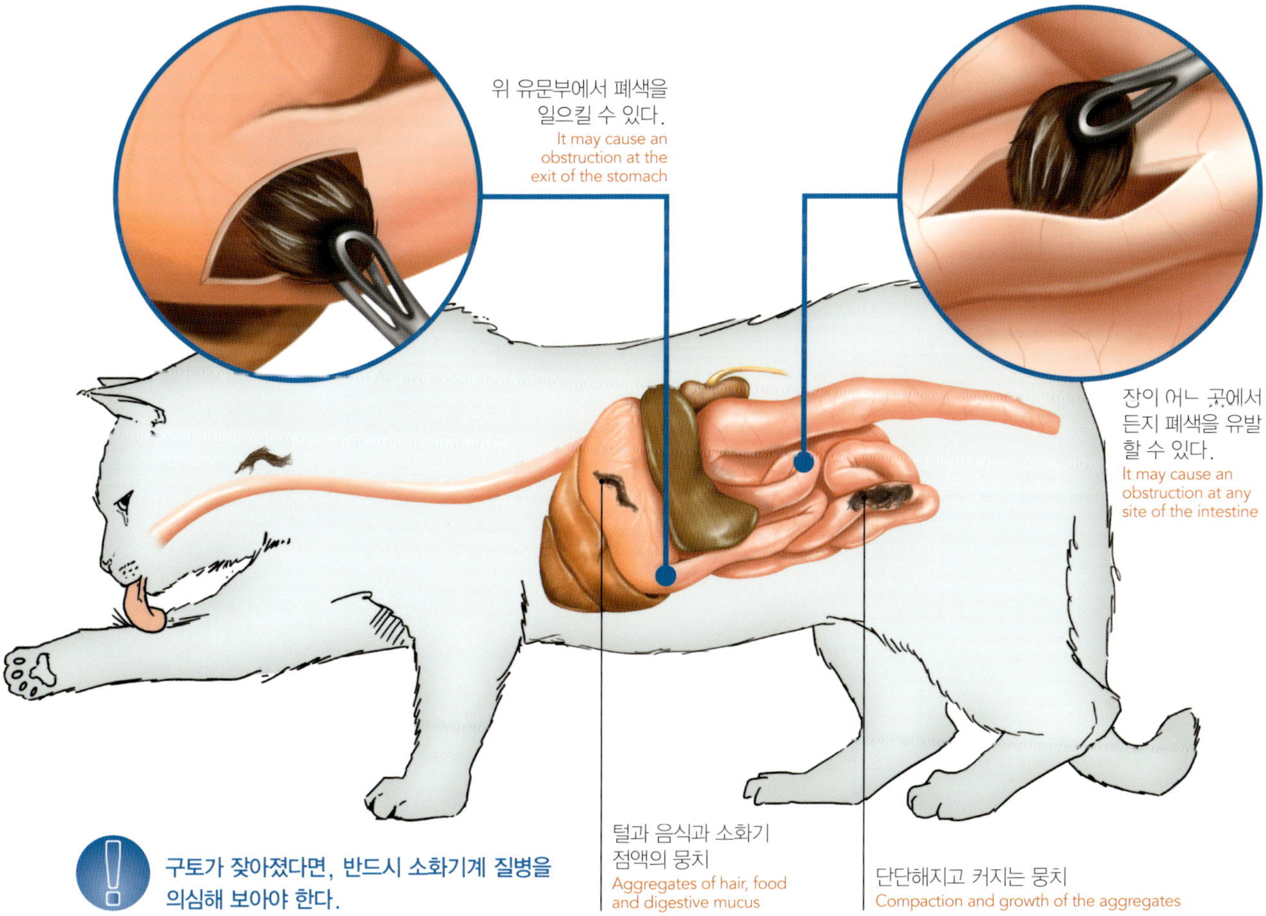

구토가 잦아졌다면, 반드시 소화기계 질병을 의심해 보아야 한다.

수술적 처치

심한 폐색: 수술 또는 내시경을 통한 제거

권고사항

- 소화기 혹은 피부질환에 대한 진단
- 잦은 빗질, 특히 장모종에서 털갈이 기간에 잦은 빗질이 도움이 된다.
- 섬유소가 풍부한 혹은 특수한 사료를 섭취하여 털 위석의 생성을 줄인다.

소화기계 _Digestive system

64 거대결장 _Megacolon

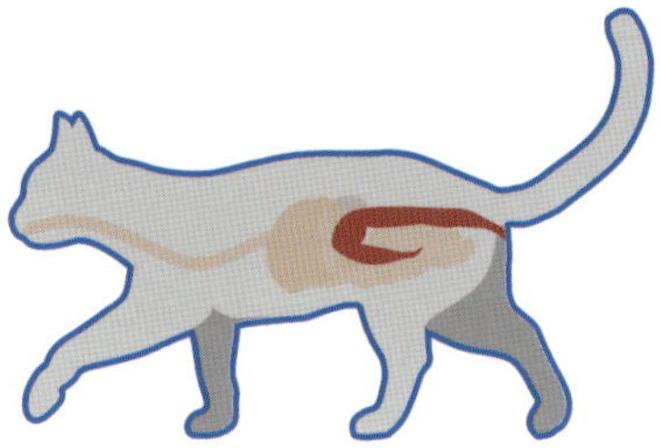

거대결장은 대장의 확장을 의미한다. 결장의 기능적 이상이 변의 배출을 막고 장에 쌓이도록 하는 원인이 된다.

결장의 최대 지름/5번 요추의 길이가 방사선 사진상에서 1.6 이상이라면 거대결장으로 진단할 수 있다.

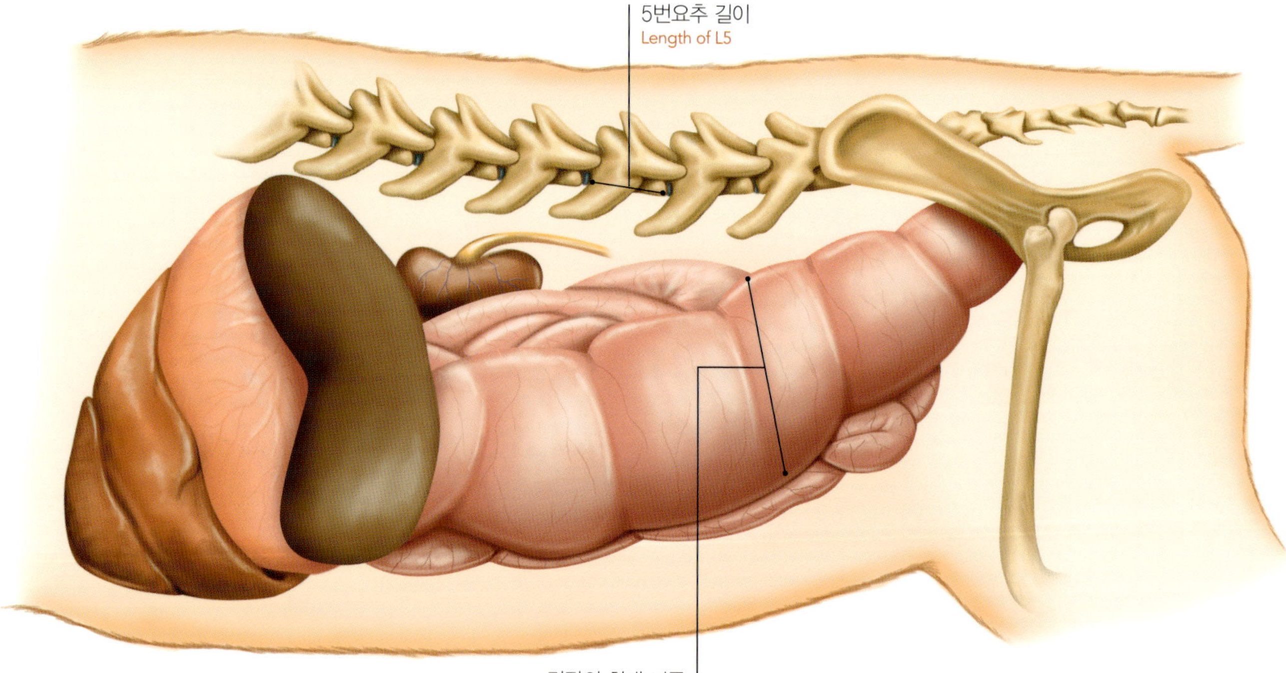

진단에는 복부와 엉덩이 방사선사진, 신경계검사가 필요하다.

분류 _Classification

- **선천성**: 신경 발달이나 해부학적 발달 이상으로 인해 발생한 문제
- **폐쇄에 의해 이차적**: 협착, 종괴, 종양 등
- **특발성 거대결장**: 일반적으로 8세령부터 발생. 결장의 평활근 기능 이상이 심한 변비를 일으키고 결과적으로 거대결장 유발

임상증상 _Clinical signs

- 만성 변비
- 뒤무직: 통증이 있고 비생산적인 배설(고양이가 울음)
- (모래)화장실 밖에서 변(아파서 매우 싫어함)
- 설사와 비슷한 혈액성 액체(점막의 자극)
- 심한 경우 결장의 자극과 독소의 흡수로 인한 구토
- 식욕부진, 무기력, 허약

내과적 처치

- 심한 변비의 경우 관장약 사용
- 경구로 설사제 복용
- 라니티딘 같은 위장운동촉진제 복용

수술적 처치

- 약물치료가 효과 없는 경우 적용
- 대부분결장절제술이 선택될 수 있다. 85~95%의 결장이 제거된다.

식이요법

불용성 섬유소가 많은 식이

소화기계 _Digestive system

65 가장 흔한 고양이 장내 기생충
_Most common feline intestinal parasites

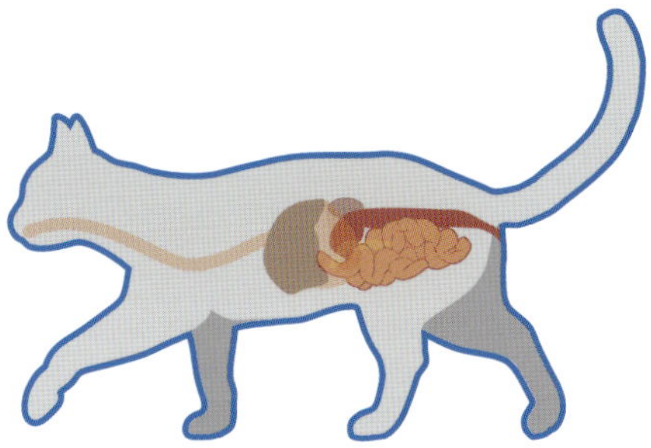

사람에게 전파 가능한 질병
(인수공통전염병)

원생동물

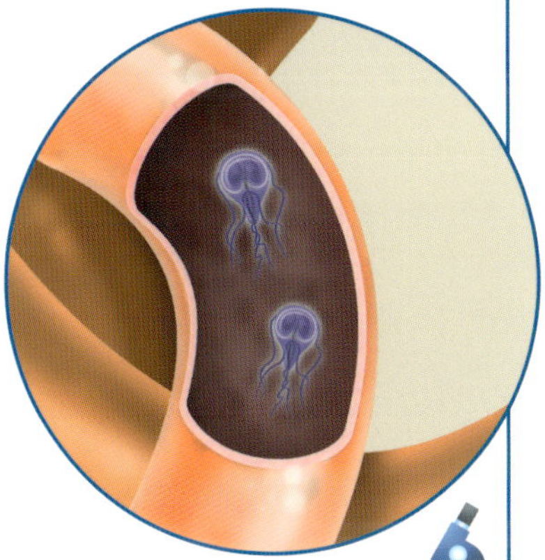

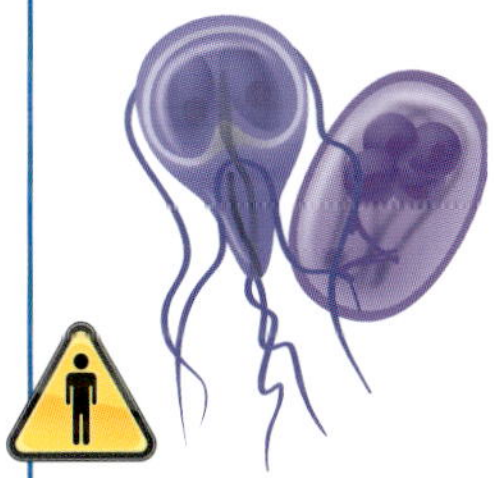

람블편모충
Giardia

트리코모나스
Tritrichomonas

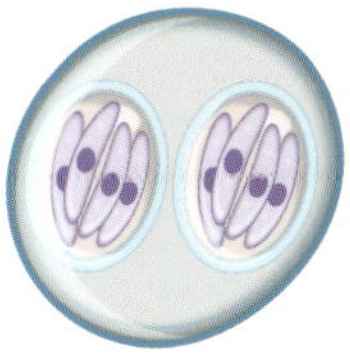

등포자충
Isospora

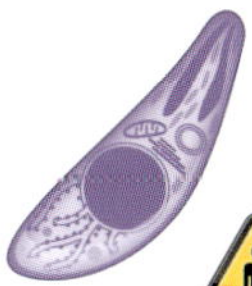

톡소포자충
Toxoplasma

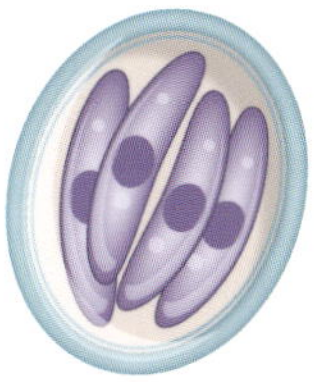

와포자충
Cryptosporidium

선충

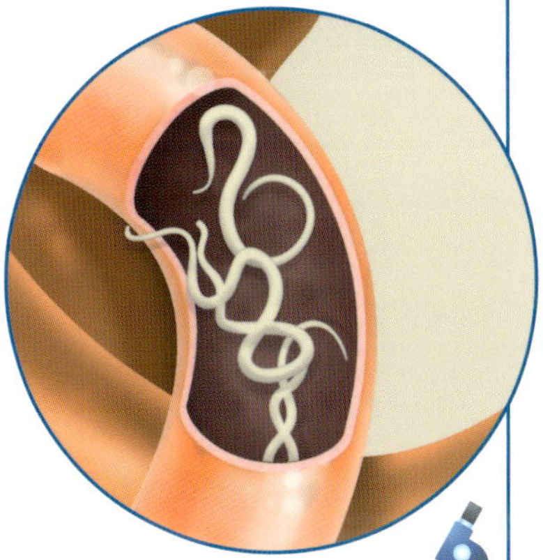

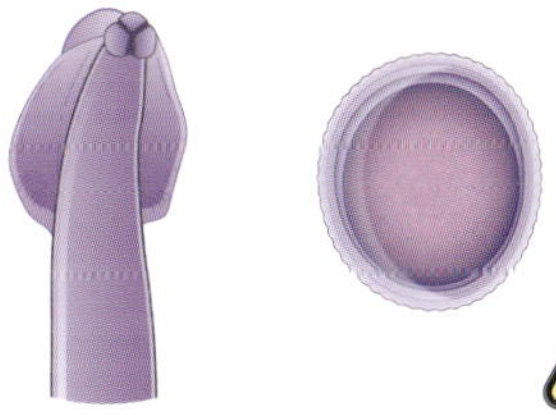

고양이회충
Toxocara cati

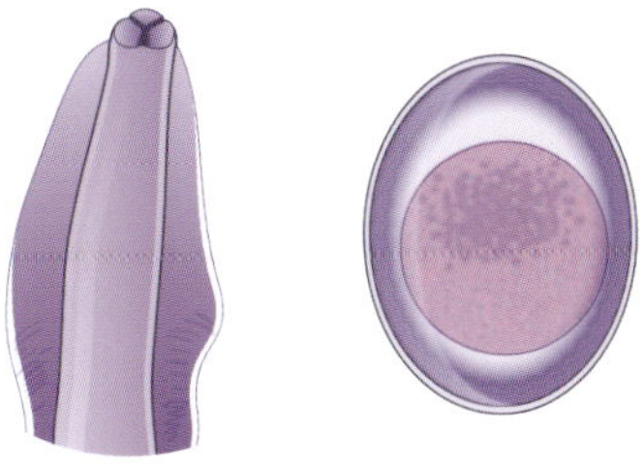

작은개회충
Toxascaris leonina

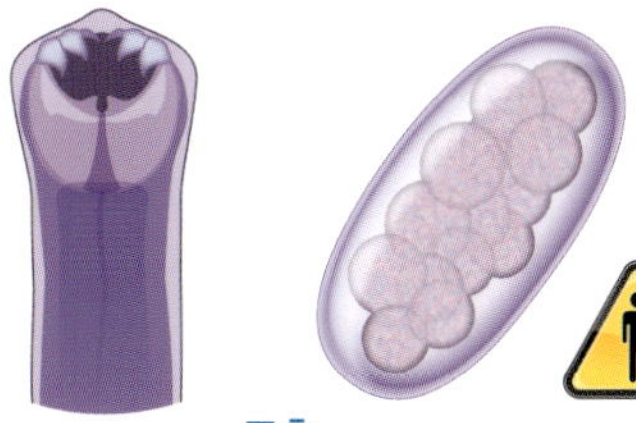

구충
Ancylostoma tubaeforme

조충

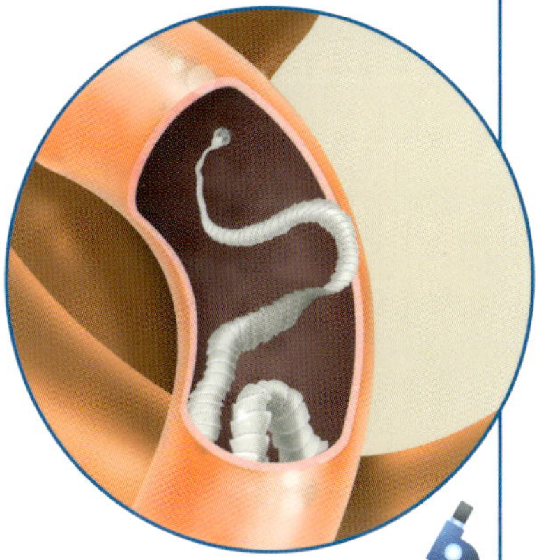

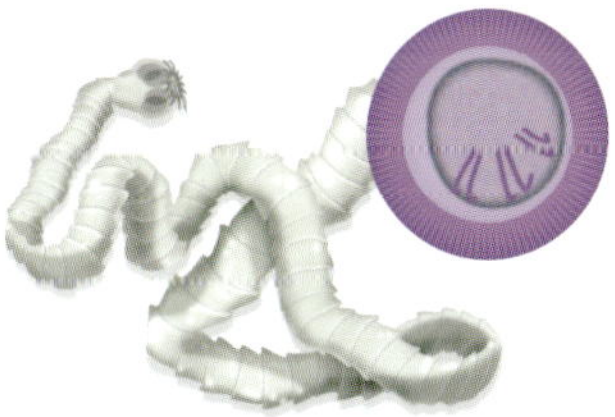

촌충
Taenia spp.

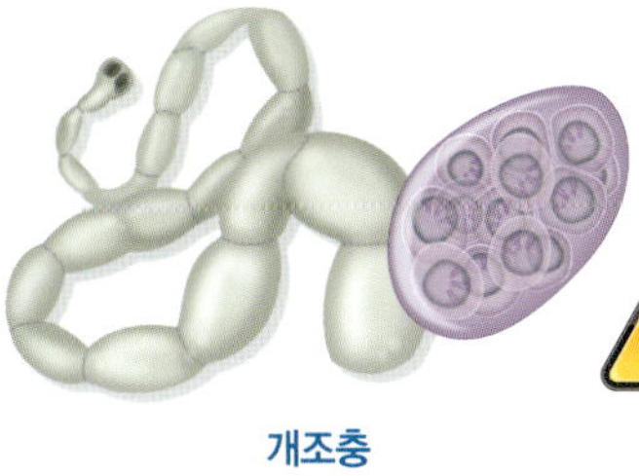

개조충
Dypilidium caninum

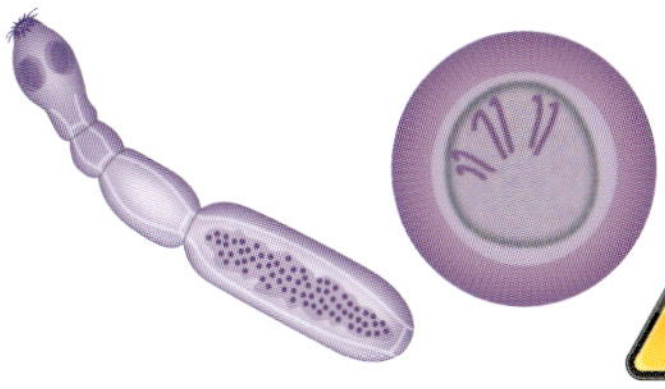

단방조충
Echinococcus multilocularis

신경계_Nervous system

66 중추, 말초 및 자율신경계

_Central, peripheral and autonomic nervous system

중추신경계

1. 뇌 Brain
2. 소뇌 Cerebellum
3. 척수 Spinal cord
4. 뇌줄기 Brainstem
5. 5번요추 5th lumbar vertebra
6. 6번요추 6th lumbar vertebra
7. 척수 Spinal cord
8. 말총 Cauda equina

말초신경계

9. 경추신경 Cervical spinal nerves
10. 앞다리신경얼기 Brachial plexus (C5, C6, C7, T1)
11. 노뼈신경 Radial n.
12. 근육피부신경 Musculocutaneous n.
13. 정중신경 Median n.
14. 자뼈신경 Ulnar n.
15. 흉추신경 Thoracic spinal nerves
16. 요추신경 Lumbar spinal nerves
17. 허리신경얼기 Lumbar plexus (L5, L6, L7, S1, S2)
18. 넙다리신경 Femoral n.
19. 두렁신경 Saphenous n.
20. 폐쇄신경 Obturator n.
21. 궁둥신경 Ischial n.

자율신경계

22. 머리쪽 목신경절 Cranial cervical ganglion
23. 먼쪽 미주신경절 Distal vagal ganglion
24. 미주교감신경절 Vagosympathetic trunk
25. 꼬리쪽 목신경절 Caudal cervical ganglion
26. 목가슴신경절 Cervicothoracic ganglion
27. 미주신경 Vagus n.
28. 미주신경, 등쪽가지 Vagus n., dorsal branch
29. 미주신경, 배쪽가지 Vagus n., ventral branch
30. 교감신경줄기의 신경절 Ganglia of the sympathetic trunk
31. 복강장간막신경절 Celiac-mesenteric ganglion
32. 꼬리쪽 장간막신경절 Caudal mesenteric ganglion
33. 아랫배신경 Hypogastric n.

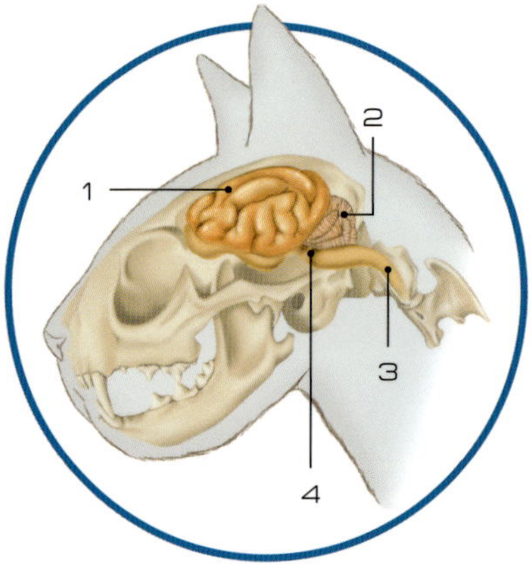

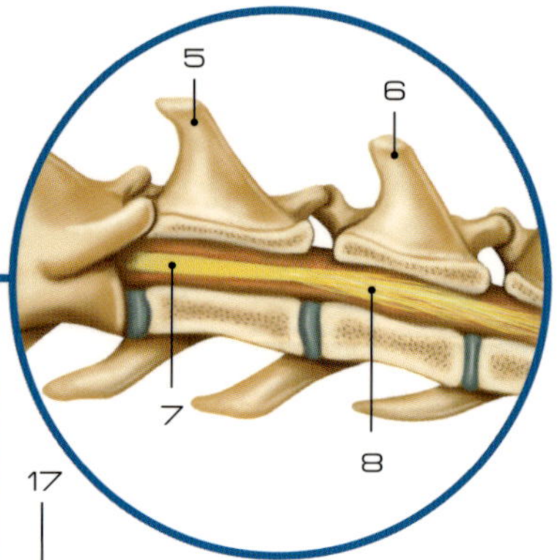

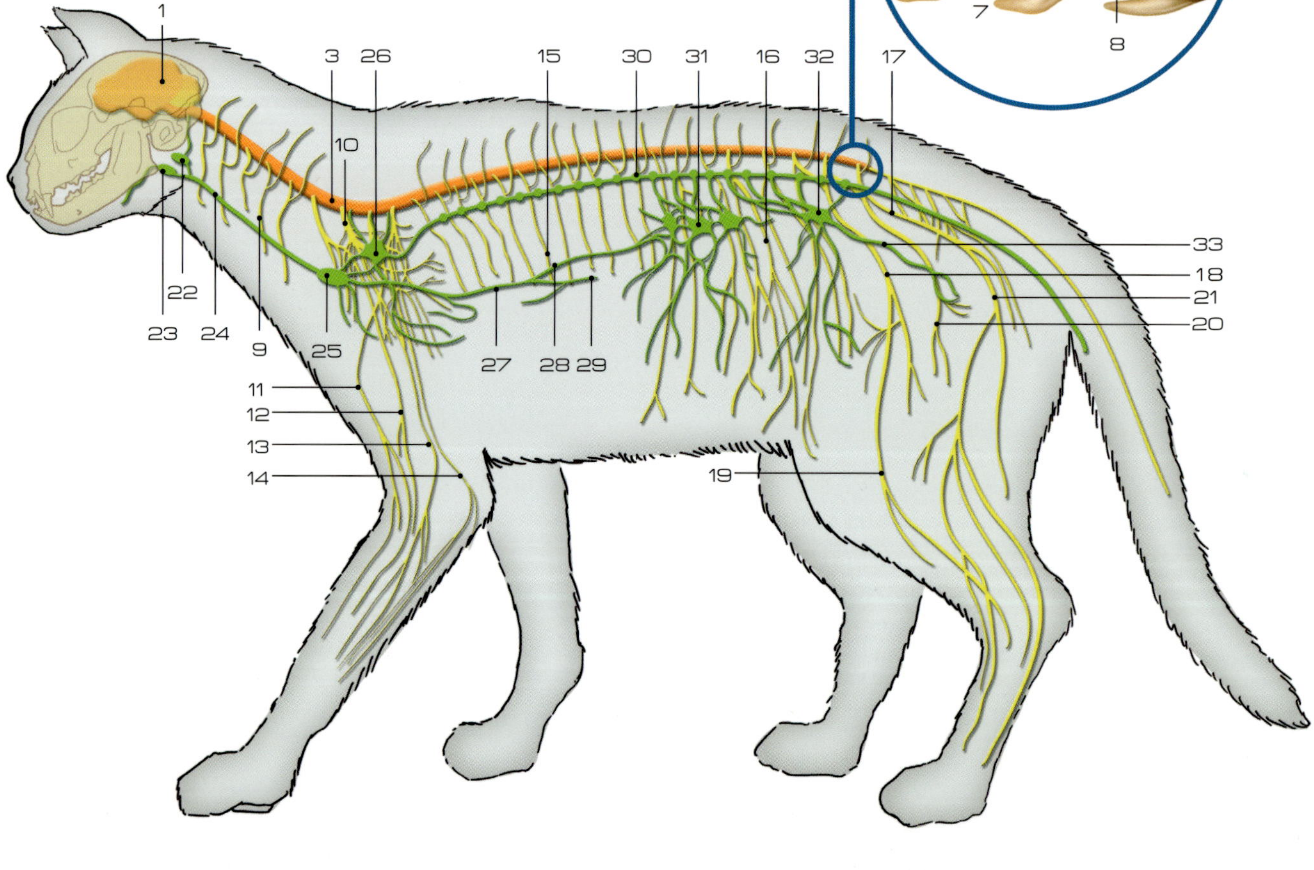

눈 _Eyes

67 안구의 구조 _Structures of the eye

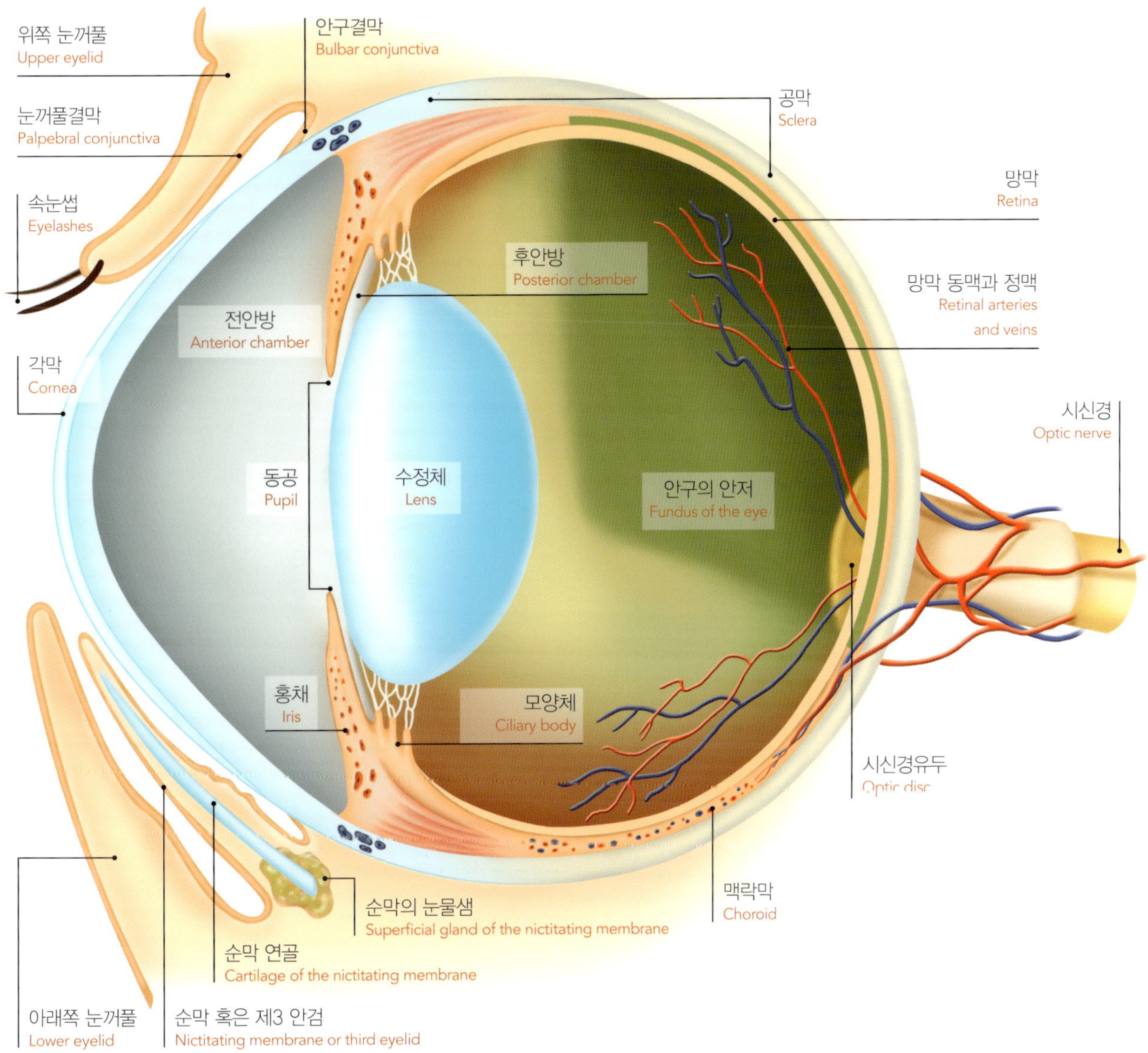

동공반사의 원리

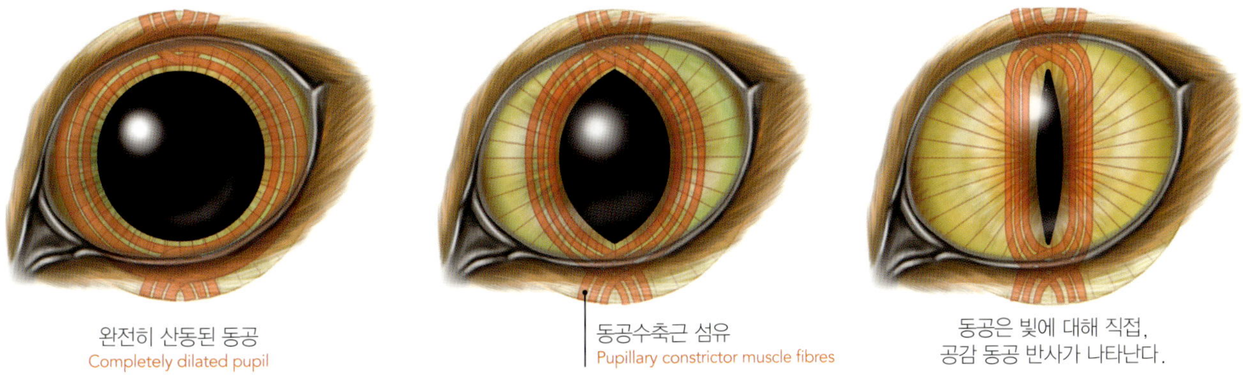

눈 _Eyes

68 각막 궤양과 각막염 _Corneal ulcer and keratitis

심한 궤양에 대한 수술적 처치 _Surgical treatment of severe ulcers

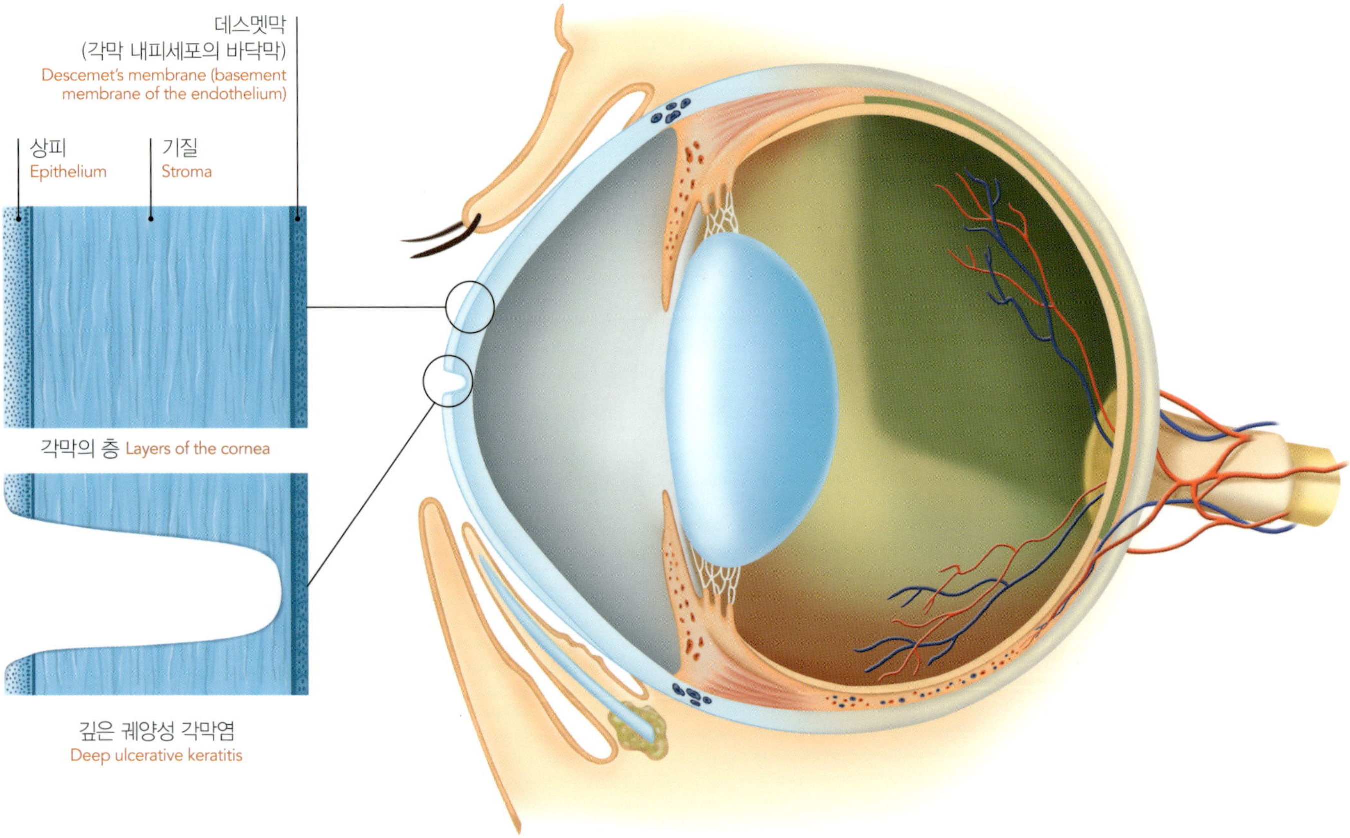

결막 피판을 이용한 깊은 궤양성 각막염의 수술

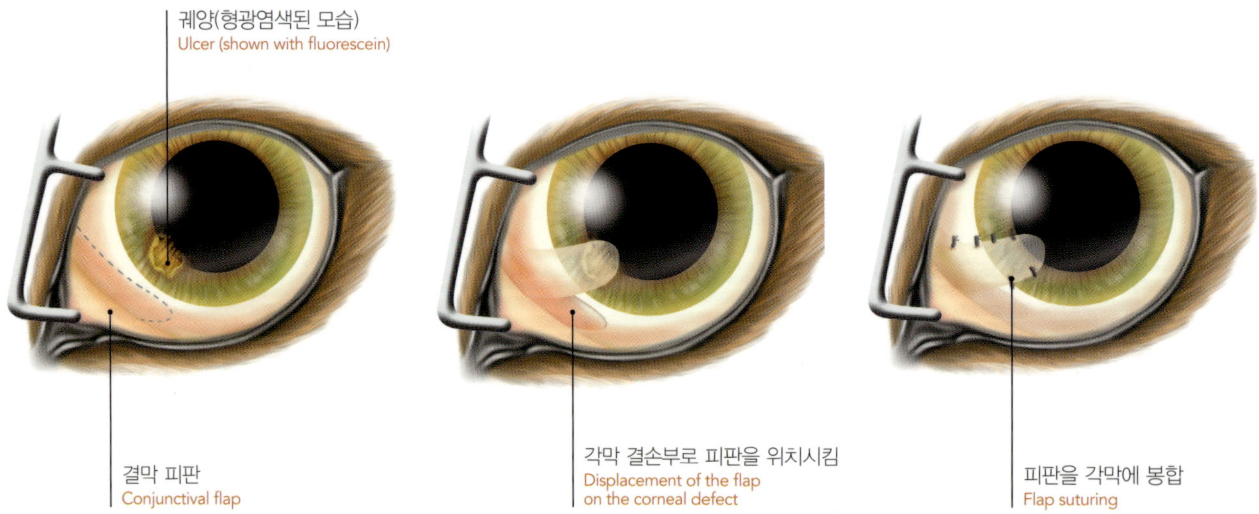

69 톡소포자충증 _Toxoplasmosis

사람에게 전파 가능한 질병
(인수공통전염병)

톡소포자충에 의해 발생하는 질병이다. 고양이에서(종숙주) 기생충은 장상피세포내 생활사를 거친다. 난포낭은 대변으로 배출되어 외부 환경에서 감염력을 갖는다. 임상증상의 심각도는 영향을 받은 장기, 괴사의 정도(세포 죽음), 톡소포자충의 유형에 달려있다.

임상증상의 발현
_Appearance of clinical signs

- 오염된 날고기나 물을 섭취한 후
- 모체가 감염된 경우, 어린 고양이에서는 출생 후 혹은 수유기간 동안
- 잠복하던 질병의 재발현 후

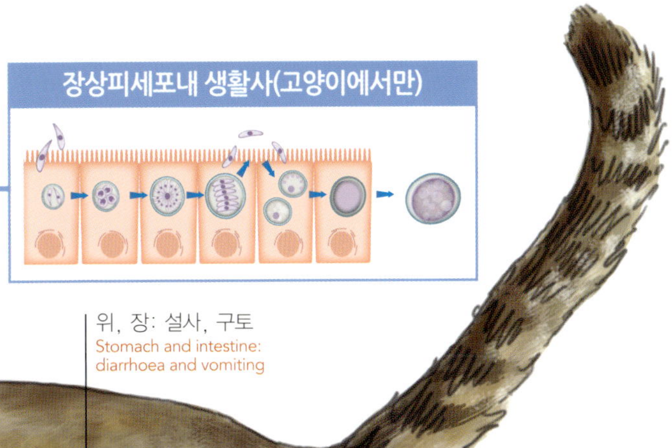

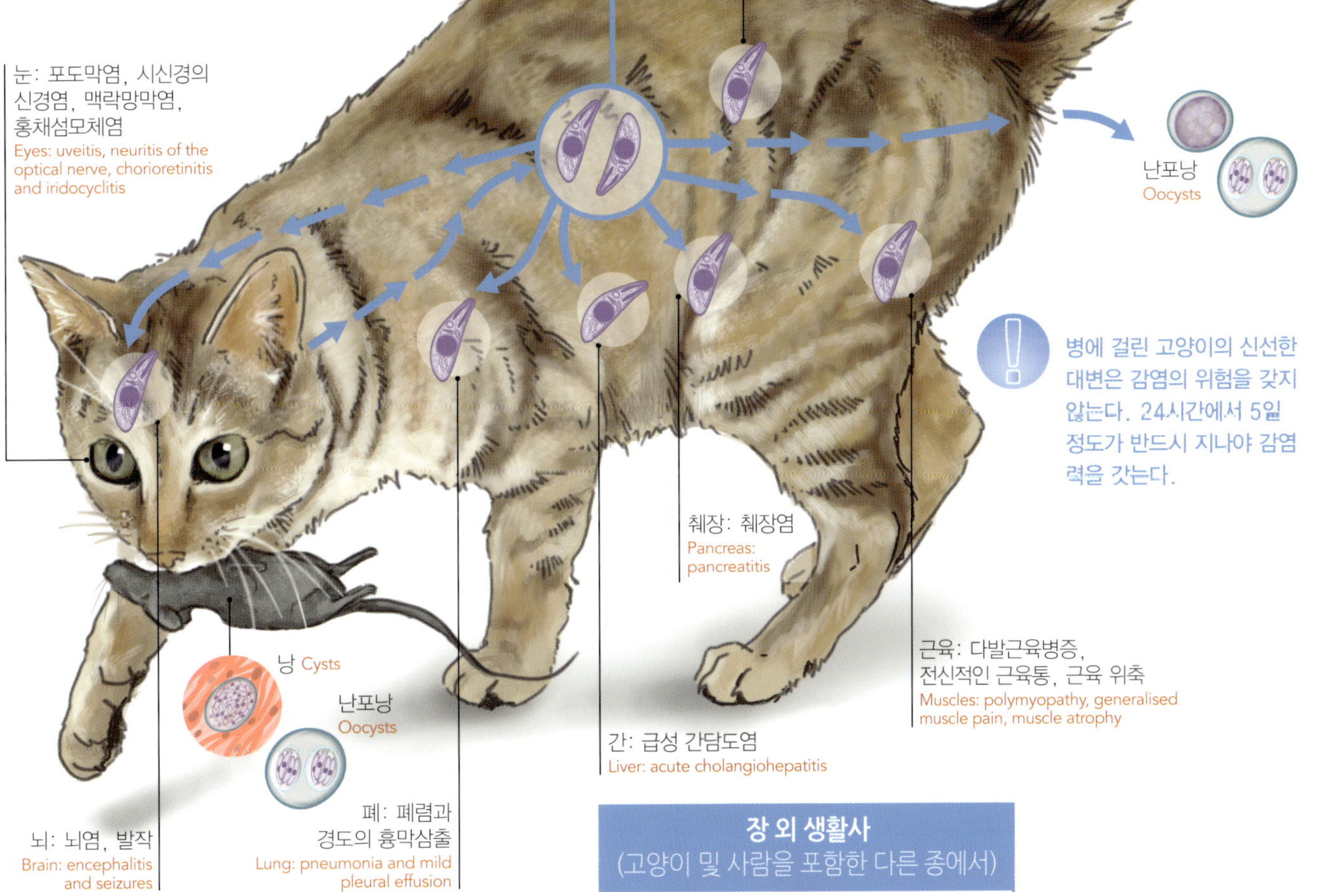

병에 걸린 고양이의 신선한 대변은 감염의 위험을 갖지 않는다. 24시간에서 5일 정도가 반드시 지나야 감염력을 갖는다.

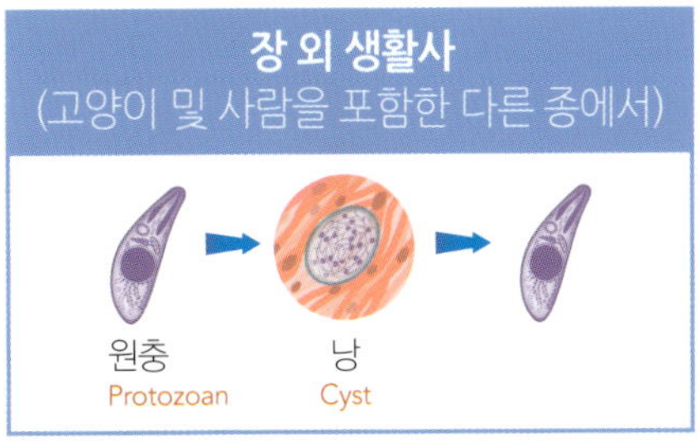

권고사항

감염을 피하기 위해, 임산부와 이외의 사람들은 이하를 지켜야 한다:

- 고온으로 조리된 음식을 먹는다.
- 덜 조리된 식품을 먹을 때는 조리 전에 2일 이상 냉동되었던 음식만 먹는다.
- 원예나 조리 후 손을 씻는다.
- 정제되지 않은 물을 마시지 않는다.
- 삽을 이용하여 고양이 화장실을 매일 청소하고, 이후에 손을 씻는다.

70 고양이 전염성 복막염 _Feline infectious peritonitis (FIP)

고양이 코로나바이러스에 의해 발생하며, 변을 통해 확산된다. 고양이 코로나바이러스 감염은 약간의 소화기 증상을 유발하나, 5~10%의 고양이에서는 매우 치사율이 높은 감염성 복막염으로 이어지고, 주로 보호소의 어린 연령의 고양이에서 호발한다.

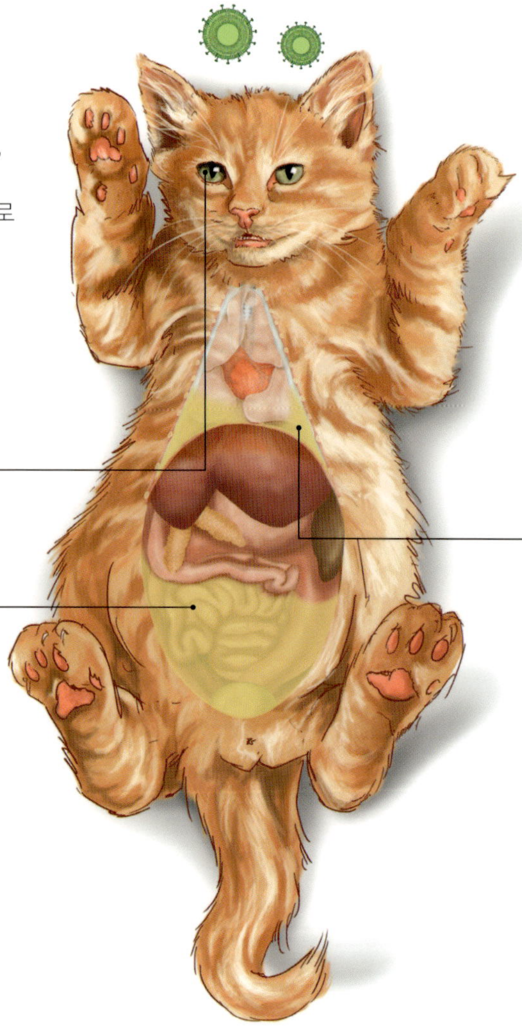

위험인자 _Risk factors

- 집단 내 고양이(화장실을 공유)
- 나이: 1세령 이하의 고양이가 가장 영향을 많이 받는다.
- 감염체와의 연관성(균, 기생충, 바이러스)
- 위생불량, 과밀집 사육

임상증상 _Clinical signs

습윤형과 건조형 모두에서 흔한 증상들:

- 항생제 처치에 반응이 없는 발열
- 침울
- 지속적인 체중감소
- 어린 고양이에서 발육문제

질병의 진행은 바이러스와 고양이의 면역체계의 상호작용에 달려있다.

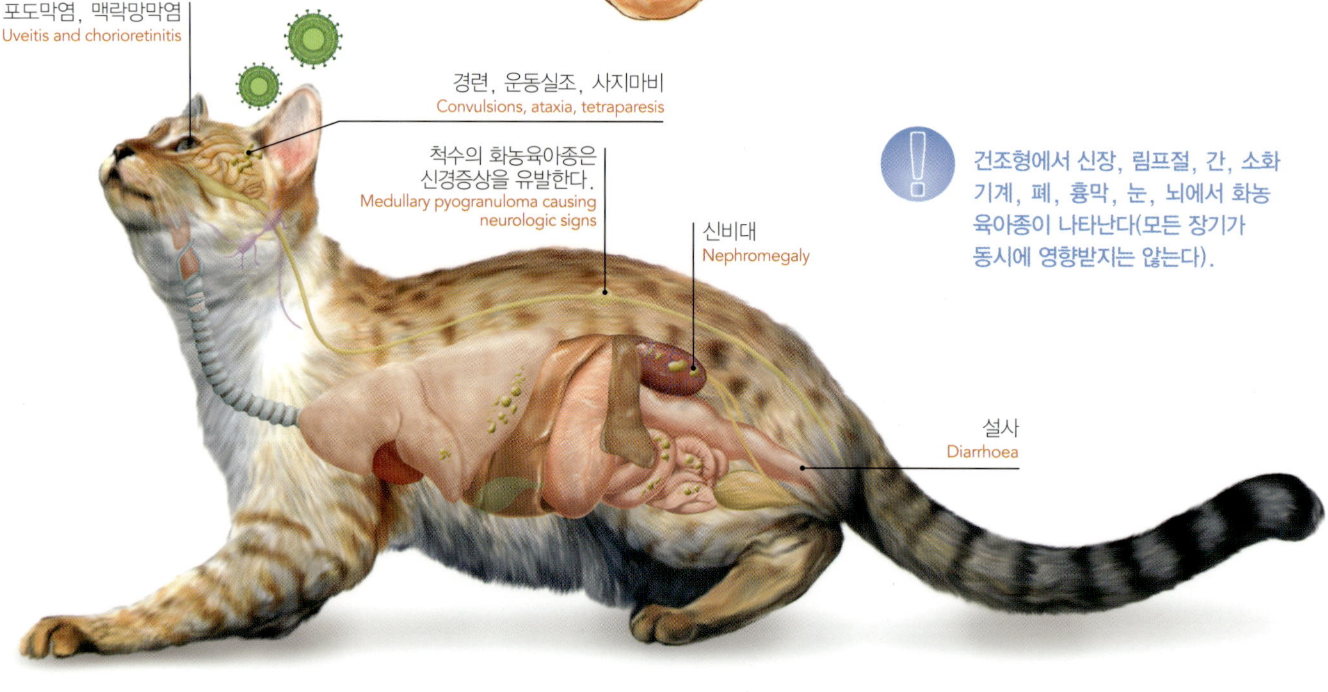

건조형에서 신장, 림프절, 간, 소화기계, 폐, 흉막, 눈, 뇌에서 화농육아종이 나타난다(모든 장기가 동시에 영향받지는 않는다).

71 고양이 백혈병 _Feline leukaemia (FeLV)

고양이백혈병바이러스는 주로 침을 통해 전파되며, 고양이 간에 긴밀하고 지속적인 접촉이 있어야 한다. 낮은 빈도로 비강삼출물, 눈물, 대변, 소변, 우유, 정액, 질액, 태반을 통해서 전파된다.

8~9주령에 첫 백신접종이 이루어져야 하고, 3~4주 뒤 부스터백신을 접종한다. 이후 1년 뒤에 백신 접종을 해야 하며, 위험 환경에 거주 시 매년 백신을 접종한다.

고양이 백혈병의 진단은 복잡하며, 혈액과 골수 모두에서 ELISA 또는 PCR 같은 검사가 필요하다.

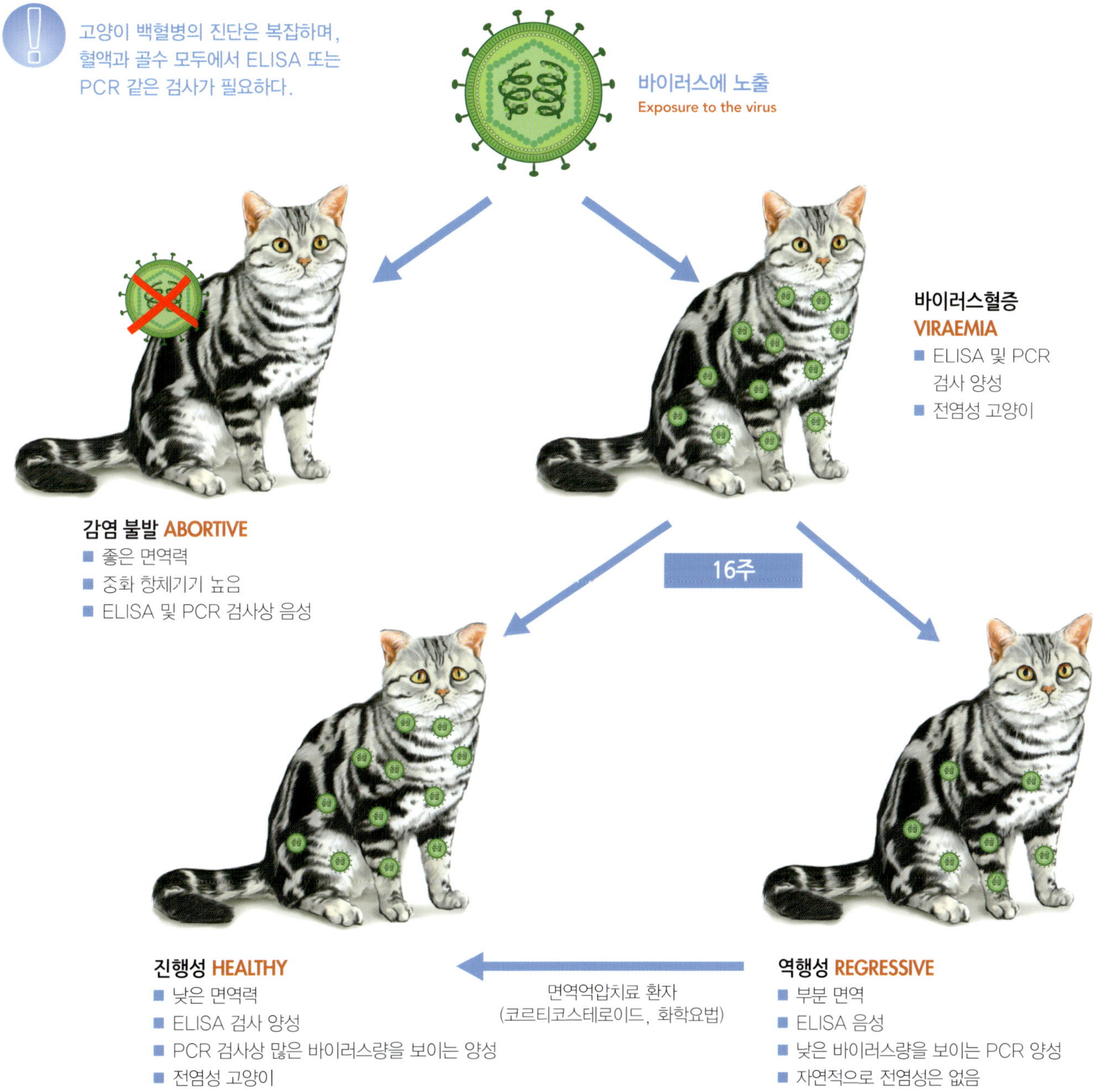

내과적 처치

현재 뚜렷한 치료는 없으나, 증상 완화 및 기대수명 증진을 위한 대증치료를 실시할 수 있다.

72 고양이 면역결핍 _Feline immunodeficiency (FIV)

이 바이러스의 감염은 본질적으로 침 혹은 교상에 의한 혈액을 통해 전파된다. 감염된 모체는 임신, 수유 동안에 50%의 자손에게 전파할 수 있다.

고양이가 물린 뒤 15일 후와 2개월 후에 반드시 혈액검사(ELISA)가 수행되어야 한다.

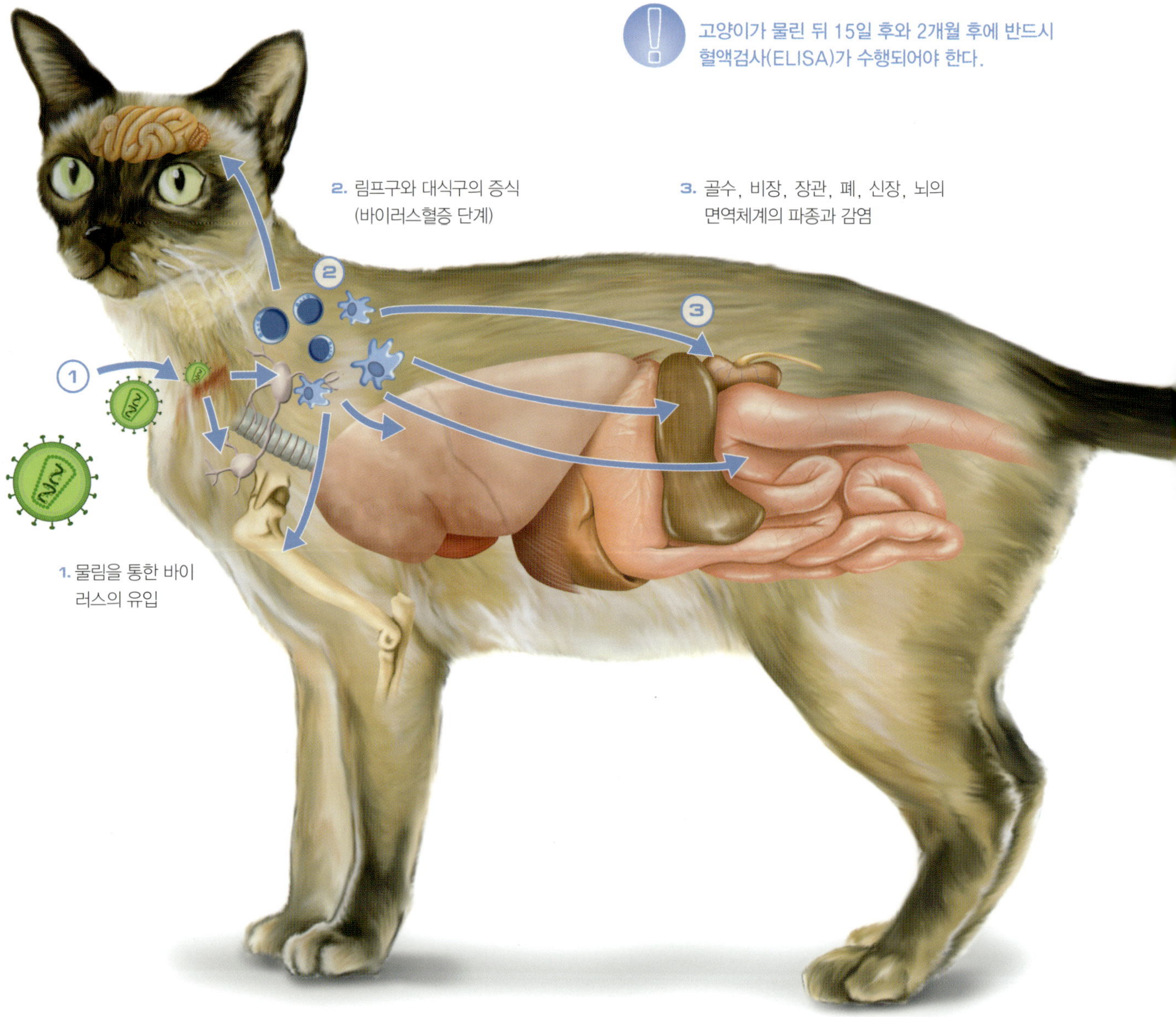

임상증상 _Clinical signs

- 감염이 일어난 경우: 발열, 림프절의 비대, 무관심, 식욕부진
- 몇 년간 지속될 수 있는 무증상기간 후에 증상이 나타날 수 있다.
- 면역체계가 약해진 경우, 몇 달간 지속되는 면역결핍기(AIDS, 후천성면역결핍증후군)가 나타난다: 발열, 식욕부진, 림프절 비대, 이차감염(설사, 이염, 결막염, 비염, 피부 농양), 치은구내염, 면역매개성빈혈, 신경장애, 종양

진단 _Diagnosis

- 6개월령 이상 고양이의 혈액 내 항체 검사(ELISA), 6개월령 이하 고양이에서 PCR 검사
- PCR 검사를 통해 어떤 양성 결과라도 확인되어야 한다.

73 고양이 범백혈구감소증 _Feline panleukopaenia

파보바이러스로 인해 발생하는 질병이다. 개 파보바이러스의 어떤 변이종은 고양이에 영향을 줄 수 있다. 발병한 고양이의 분비물에(대변, 침 등) 직접 접촉하여 감염되거나 오염된 환경에 의해 감염된다.

이 바이러스는 백신을 접종하지 않은 고양이와 백신을 충분히 접종하지 않은 고양이를 높은 비율로 사망에 이르게 한다.

- 파보바이러스는 1년까지 어떤 환경에서도 살아남는다.
- 대부분의 소독제에 저항성이 있다.

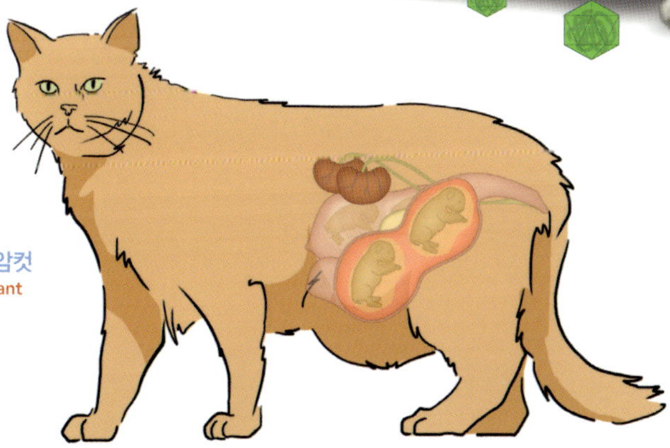

임신기(2개월)		
초기 감염 Early infection	임신 중기 감염 Mid-gestation infection	후기 감염 Late infection
태아 사망, 태아 흡수 Foetal death and resorption	유산과 태아 미라화 Abortions and foetal mummification	뇌, 소뇌에 병변을 가진 고양이 출산 Birth of kittens with lesions in the brain and cerebellum

임상증상 _Clinical signs

바이러스에 노출되고 5일에서 14일 사이에 증상이 나타난다:

- 발열, 심한 침울
- 식욕부진, 구토
- 출혈성 설사와 황달을 동반한 패혈증
- 1살령의 급사

권고사항

- 병증의 고양이와 접촉한 구역 전체를 1:30으로 희석된 표백제로 10분간 소독
- 완전히 청소하지 못한 구역에는 온전하게 백신을 맞은 고양이만 출입할 수 있게 한다.

신발이나 옷 등을 통한 감염의 위험 때문에 실내사육 고양이를 포함한 모든 고양이는 백신 접종을 해야 한다.

74 고양이 허피스바이러스 _Feline rhinotracheitis

제1형 고양이 허피스바이러스는 고양이 비기관염의 원인체이다. 눈의 결막, 호흡기계 및 신경 세포에 복합적으로 영향을 줄 수 있다. 신경세포에서의 증식은 감염체의 잔존 및 급성 감염 이후 잠복하다가, 면역이 억압되면 재발할 수 있다.

허피스바이러스는 칼리시바이러스, *Brdetella bronchiseptica*, *Chlamydophila felis*, *Mycoplasma*와 함께 고양이 호흡기질환 복합체의 주요 원인체 중 하나이다.

전염 _Transmission

- 급성으로 감염된 고양이나 잠복감염이 재발된 고양이의 구강, 비강 및 결막 삼출물에 직접 접촉하여 전파
- 낮은 빈도로 사람의 손이나 물건을 통한 전파

임상증상 _Clinical signs

- 발열, 무기력, 식욕부진
- 재채기와 코 농성 분비물을 동반한 비염
- 눈곱, 편측성 혹은 양측성으로 결막과 삼안검의 염증
- 각막염과 표층성 각막궤양이 발생할 수 있고 이는 깊은 궤양이나 심지어 각막괴 사증으로 진행될 수 있다.
- 흔치 않은 임상증상: 구강 궤양, 과다 침분비, 기침과 안면부 궤양

거의 80%의 고양이가 허피스바이러스에 감염되어 남은 생을 보균자로 살게 된다. 스트레스와 면역억제 치료가 재발을 일으킬 수 있다. 고양이들은 반드시 허피스 바이러스에 대한 백신을 맞아야 한다.

75 고양이 칼리시바이러스 _Feline calicivirus

이 감염성 바이러스는 고양이들 사이에 널리 퍼져 있다. 아프거나 만성적인 보균자의 침과 눈물, 코 분비물, 분변과 요를 통해 전염될 수 있다. 사람의 손과 물건들이 감염의 원인이 될 수 있다.

급성형

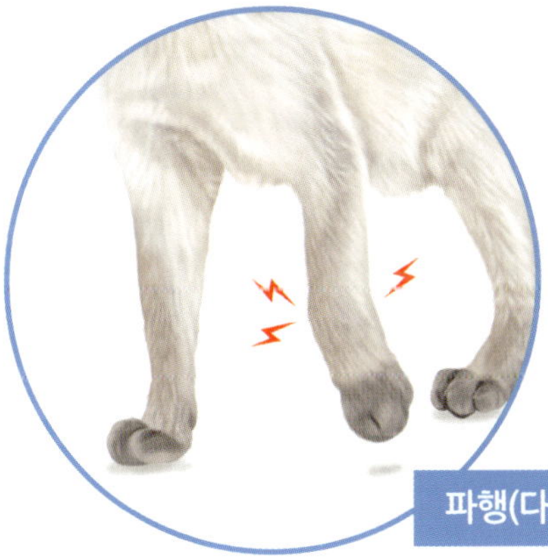

더 유독성 있는 균주

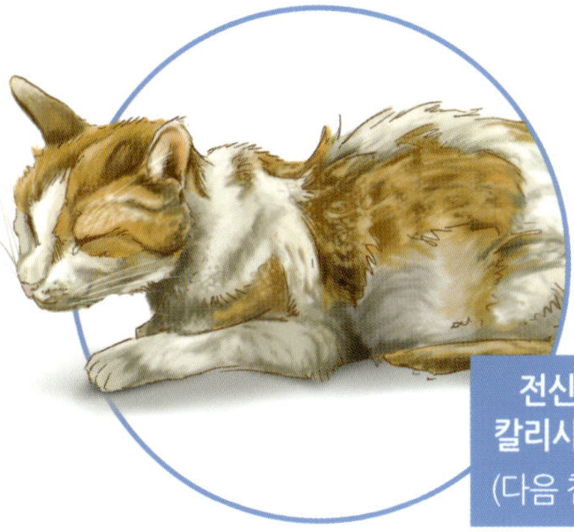

급성형 이후, 바이러스는 약 한 달 내로 완전히 사라지지만, 몇몇 고양이에서는 남아서 보균자가 된다.

만성형

백신이 감염에 대해 예방을 해주지는 못하지만 임상증상의 정도를 줄이는 데 매우 효과적이다.

권고사항

- 환경을 차아염소산나트륨(표백제)을 물에 1:32 비율로 희석시켜 소독할 수 있다.
- 손은 70% 에탄올로 소독할 수 있다.

임상증상 _Clinical signs

임상증상은 균주의 종류와 독력에 따라 다르다:

- 급성 감염:
  - 발열을 동반한 급성 구강 및 상부 호흡기 질병, 구강궤양, 재채기, 코 분비물
  - 다발성 관절염: 발열 및 일시적 파행
  - 전신유독성 칼리시바이러스 증후군
- 만성 감염:
  - 만성치은구내염(57챕터 참고)

76 전신 유독성 칼리시바이러스 _Systemic virulent calicivirus

고양이 칼리시바이러스는 **전신 유독성 칼리시바이러스**라고 불리는 더 중증의 질환을 유발할 수 있다. 이 바이러스의 더 유독성 있는 변이에 의해 발생한다.

바이러스가 감염된 고양이 내에서 계속 변이되며, 유독성이 낮아지기 때문에 자가제한적 병발이다.

접종 고양이도 감염될 수 있기 때문에 감염된 동물은 다른 고양이에 전염을 막기 위해 반드시 격리되어야 한다.

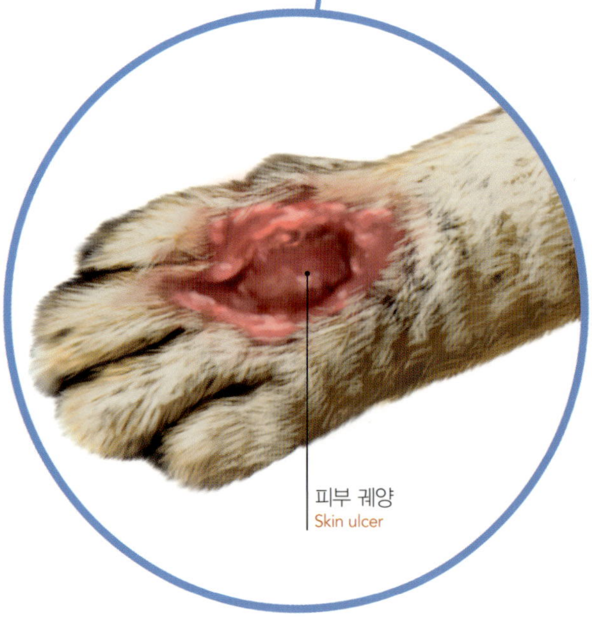

5% 차아염소산나트륨에 의해 소독되어야 한다.

임상증상 _Clinical signs

- 노출 이후 1~12일 뒤 증상이 나타난다. 증상은 성묘에서 더 심하며, 치사율은 67%까지 육박한다.
- 처음 증상은 전형적인 고양이 칼리시바이러스의 상부호흡기, 구강 궤양, 발열
- 혈관염으로 진행될 수 있고 다음과 같은 증상들을 보인다:
  - 궤양 및 피부 괴사
  - 안면, 사지 부종
  - 간괴사로 인한 황달, 폐부종 또는 폐렴, 파종혈관내응고(DIC), 복수, 흉막삼출을 동반한 다발성 장기부전

진단 _Diagnosis

- 임상증상에 기반한 진단 및 조직 샘플의 PCR

치료

- 호흡기계 및 구강 감염에 대한 수액, 진통, 광범위 항생제 치료
- 코르티코스테로이드 및 고양이 오메가 인터페론의 투약 또한 보고되어 있다.

77 고양이 클라미디아증 _Feline chlamydiosis

클라미디아증은 *Chlamidophyla felis* 세균에 의해 유발된다. 감염은 결막, 코, 질 분비물과 분변의 접촉을 통해 이루어진다. 사람의 손과 물건(밥그릇과 물그릇) 또한 감염의 경로가 될 수 있다.

어미의 생식기 점막을 통해 감염된 신생 고양이는 태어난 직후 심한 결막염이 발생한다. 1년령 이상의 고양이는 면역력이 발달하여 감염에 대한 위험이 감소한다.

백신이 감염에 대해 완전히 보호해 주지는 못하지만 임상증상을 현저히 줄인다. 고양이가 여럿 있는 환경에서 사는 고양이들에게 추천된다.

과잉사육, 위생불량, 스트레스 환경 및 환기불량은 재감염 가능성을 높인다.

임상증상 _Clinical signs

- 심한 결막염과 지속적인 눈물(물기가 있거나 혹은 탁하고 농성 눈물). 감염은 처음에는 편측성으로 일어나고 곧 다른 눈에도 영향을 미친다.
- 염증성, 반쯤 감은 눈(안검경련)
- 흔치 않은 임상증상: 재채기, 비강 삼출물, 발열

권고사항

- 차아염소산나트륨(표백제)을 물로 1:32 비율로 희석시켜 환경의 감염체를 소독할 수 있다 (이 세균은 환경에서 며칠 동안만 생존할 수 있다).
- 손은 70% 에탄올로 소독할 수 있다.

78 영양공급관 _Feeding tubes

적응증 _Indications

- 지방간
- 어떠한 질병이든 병발한 식욕 부진에 의해 동물 체중의 20%가 감소하는 경우
- 안면부 외상
- 구강수술

영양공급관 장착은 강제로 급여하는 것보다 나은 선택이며 강제 급여는 고양이가 매우 싫어하여 스스로 음식을 먹도록 하는 데 더 오랜 시간이 걸리도록 만든다.

식도창냄술을 이용한 영양공급관 장착

장점 _Advantages

- 엘리자베스 칼라가 필요하지 않다.
- 고양이를 귀찮게 하지 않는다.
- 3개월까지도 유지할 수 있다.
- 언제든 고양이가 자발적으로 먹을 수 있다.
- 관을 이용하여 약물의 투여가 가능하다.

코식도관

장점 _Advantages

- 간단한 시술법

단점 _Disadvantages

- 엘리자베스 칼라가 필요
- 고양이가 불편해 함
- 6일간만 유지 가능

79 골수 천자법 _Bone marrow aspiration technique

골수는 생체에서 가장 중요한 조혈기관이다.

상완골 머리에서의 골수천자

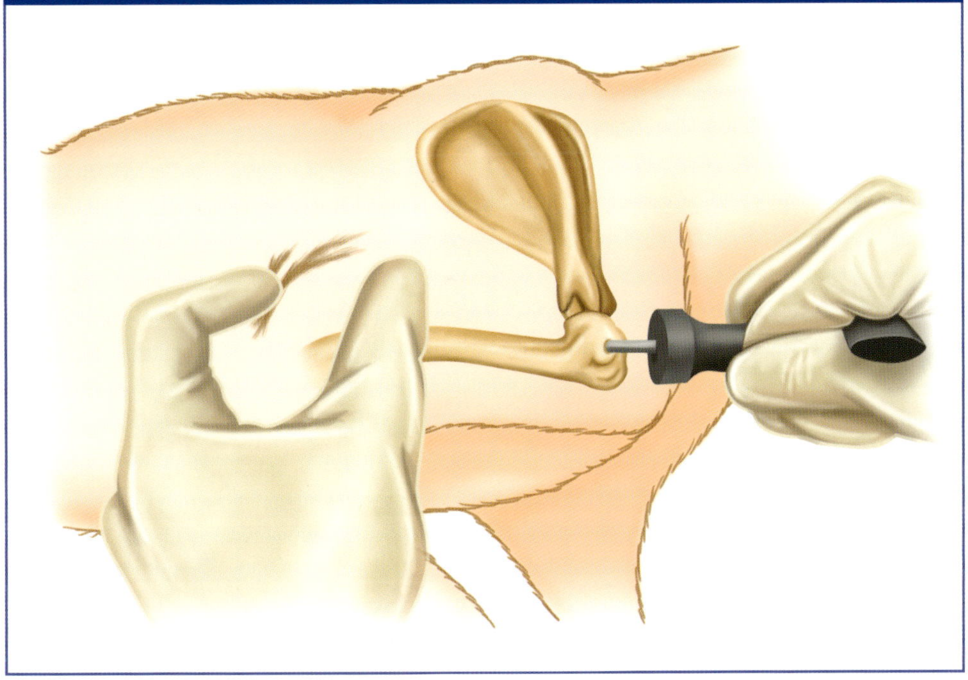

골수를 천자하여 검사하는 것은 빈혈이나 고양이 백혈병과 같은 질병의 진단에 유용하다.

엉덩뼈 능선에서 골수천자

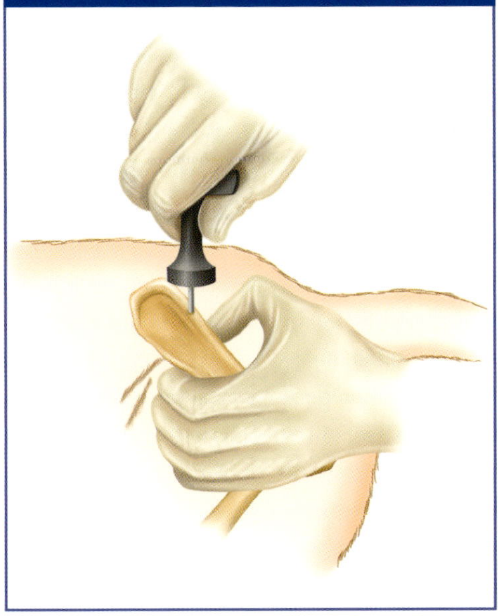

넙다리뼈에서 골수천자

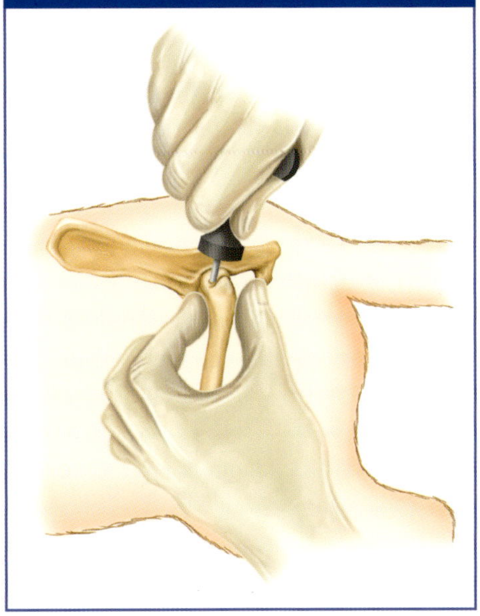

방법 _Method

- 골수는 10 mL 주사기와 골수천자용 바늘 또는 골밀도가 높은 고양이의 경우 18 G 바늘을 이용하여 조심스럽게 천자한다.
- 세포검사를 위한 도말을 준비한다.
- 샘플의 일부는 특정 검사들을 위해 EDTA 튜브에 보관한다(고양이 백혈병 PCR).
- 시료의 채취는 상완골머리, 엉덩뼈능선, 넙다리뼈에서 실시할 수 있다.

80 요도 카테터와 방광천자

_Urethral catheterisation and cystocentesis

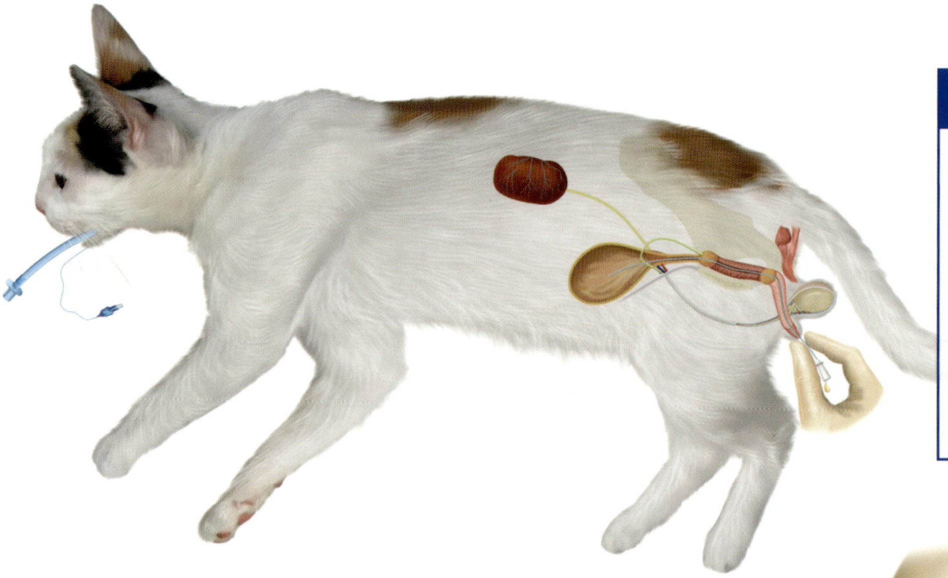

요도 카테터

- 요관이 막힌 환자에 적용 (배뇨를 하지 못하는 고양이)
- 일반적으로 최대 24~48시간 동안 유지되며 음경으로부터 방광으로 들어가는 카테터가 필요하다.
- 항상 마취나 강력한 진정이 필요하다.

방광천자

- 방광천자를 통해 요 감염에 대한 진단에 필요한 소변 시료 채취
- 방광 벽을 뚫을 얇은 바늘이 필요하다.
- 과정 중 통증은 적다.
- 요 시료는 멸균된 용기에 보관되어 세균 배양과 항생제 감수성 검사에 보내진다.

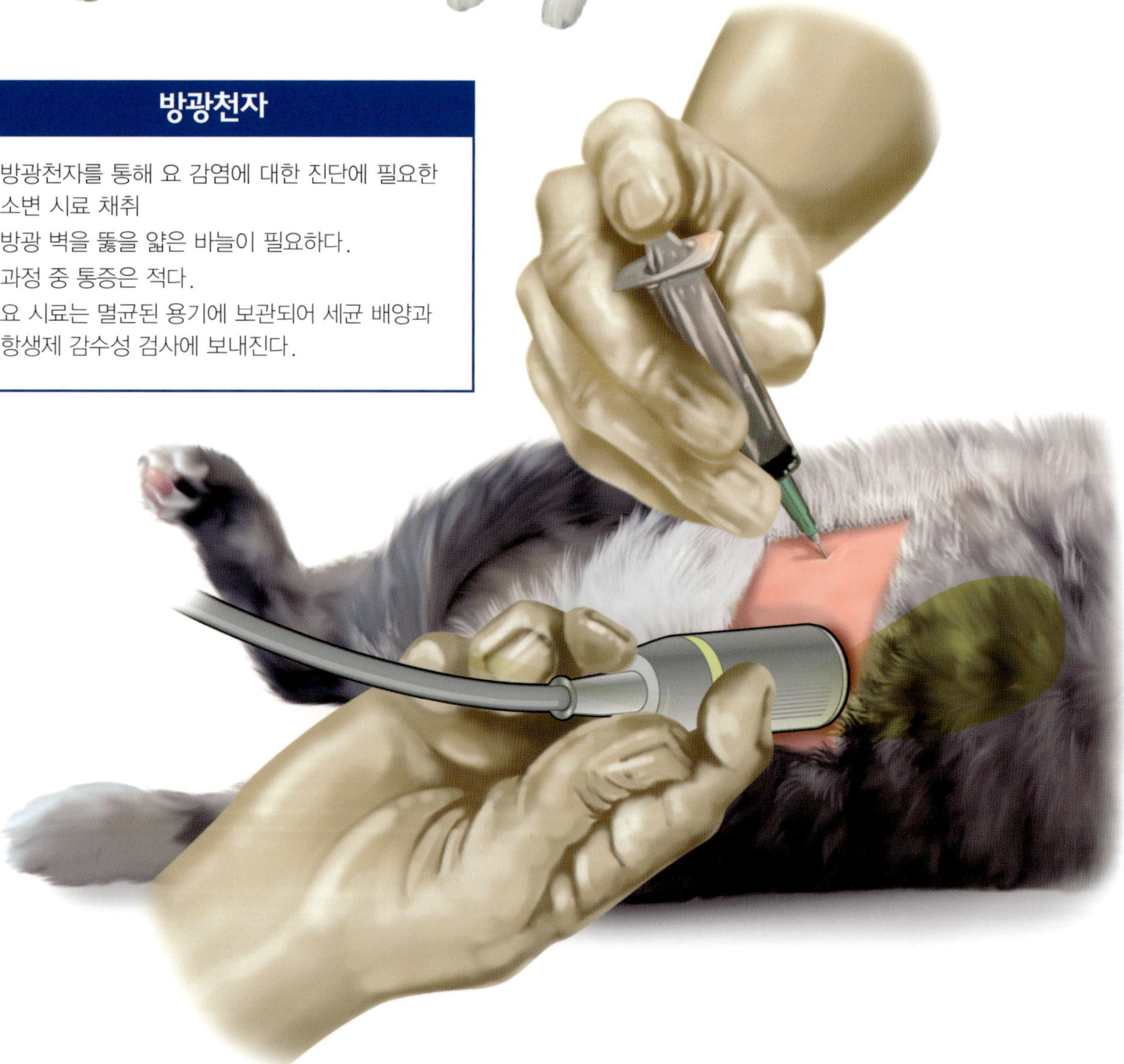

81 흉부 배액 _Thoracic drainage

흉관삽관술과 흉강천자 _Thoracostomy and thoracocentesis

흉막강에 액체가 쌓이면 호흡이 어려워진다. 흉강천자를 통해 액체를 제거할 수 있고 원인을 진단하며 환자의 호흡을 상당히 개선시킬 수 있다.

농흉, 유미흉, 기흉의 경우 병증 해결을 위해 흉관삽관이 필요하다.

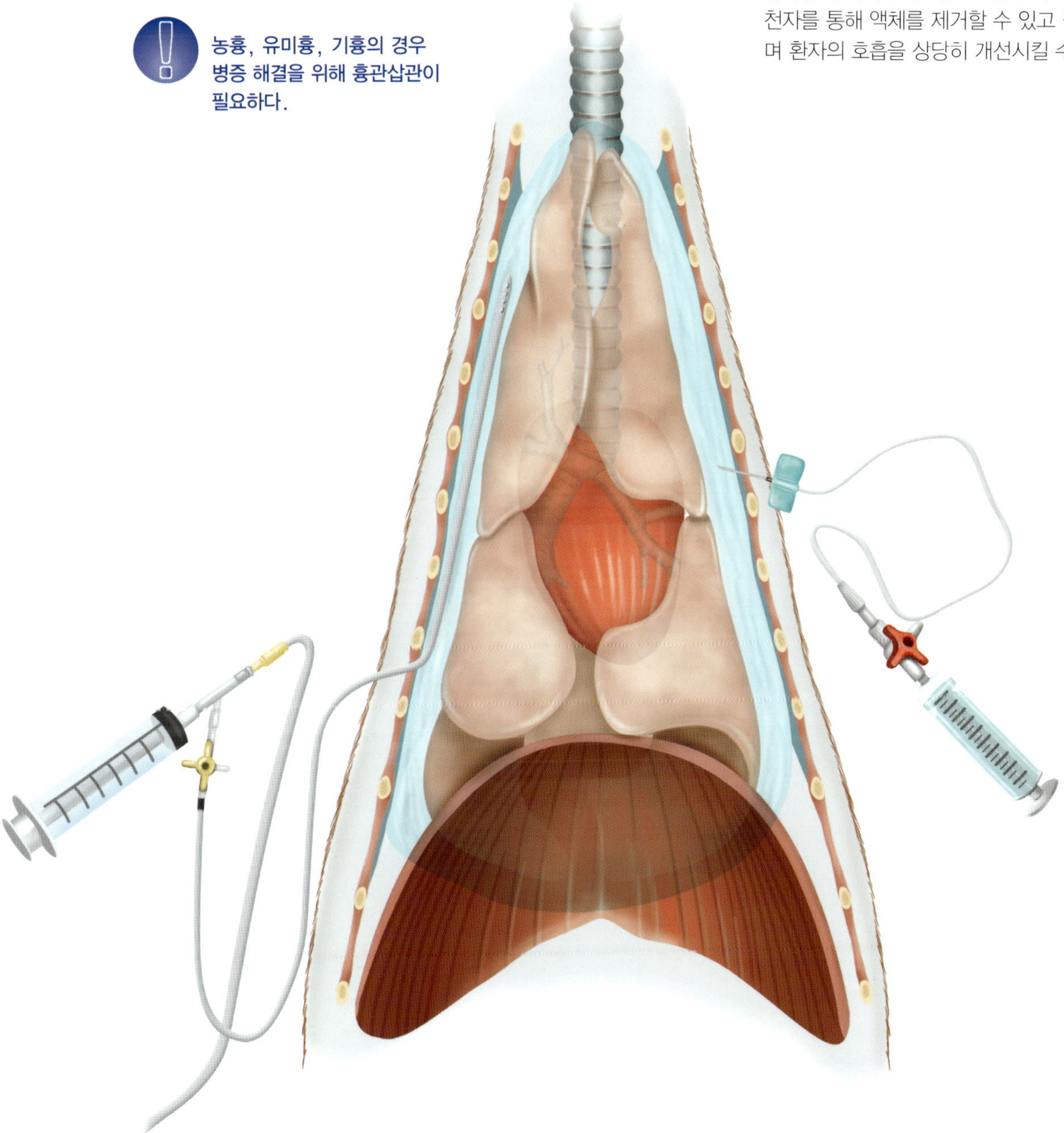

흉강삽관

흉각삽관에는 흉막강에 장착시킬 얇은 관이 필요하며 이는 지속적으로 생성되는 액체가 제거되도록 도와준다.

흉강천자

흉강천자는 흉막강에 얇은 바늘을 이용하여 흉벽을 뚫어 쌓인 흉수를 제거하는 것이다.

82 뇌척수액 천자 _Collection of cerebrospinal fluid

환추후두골 천자

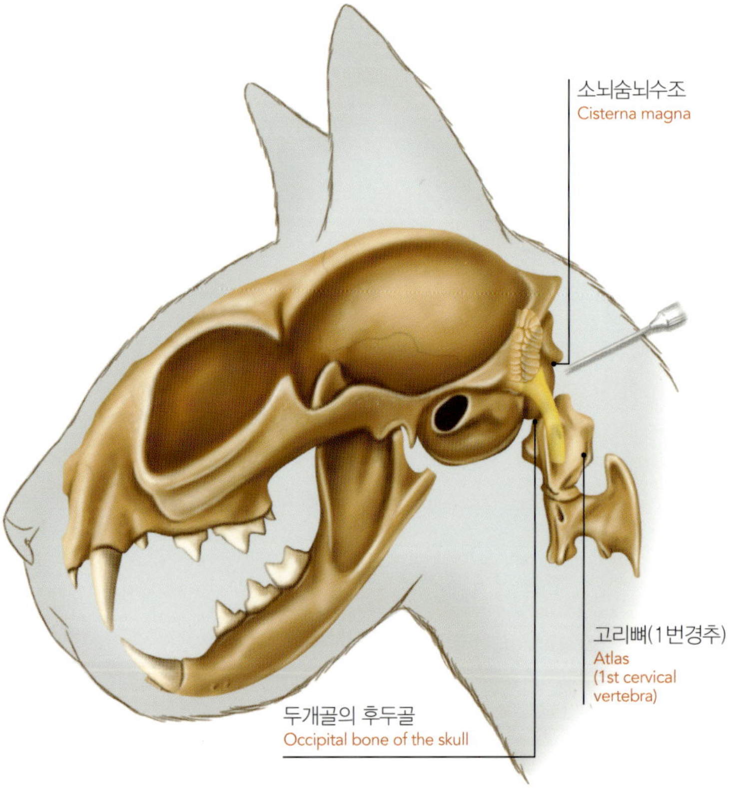

뇌척수액은 뇌와 척수 주변에 분포한 무색의 액체이다.

경우에 따라서 뇌척수액 검사는 환자의 정확한 진단을 위해 필수적이다: 중추신경계의 신경 증상, 세균감염이나 감염성 질환들

뇌척수액 천자 방법

_Technique for CSF collection

- 고양이는 시술 중 절대 움직여서는 안되므로 마취되어야 한다.
- 뇌척수액은 환추후두 천자나 요추 천자(L5~6과 L6~7에서)를 통해 뽑을 수 있다.

요추 천자

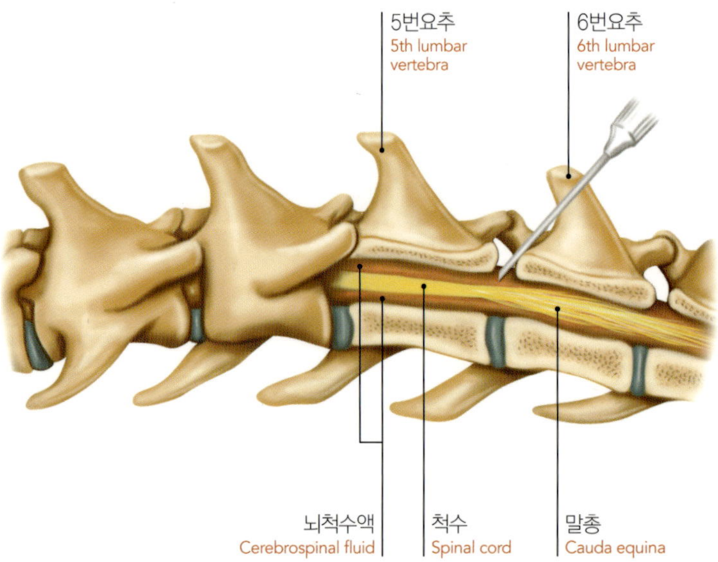

뇌척수액 검사와 배양은 세포 조성, 생화학적 특성과 감염체의 존재 가능성을 확인할 수 있다.

83 약물을 적용하는 방법 _How to administer drugs

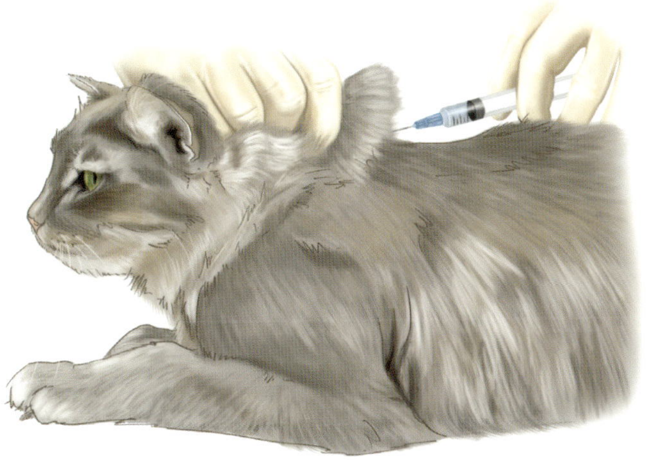

피하주사
Subcutaneous injection

안약
Eye drops

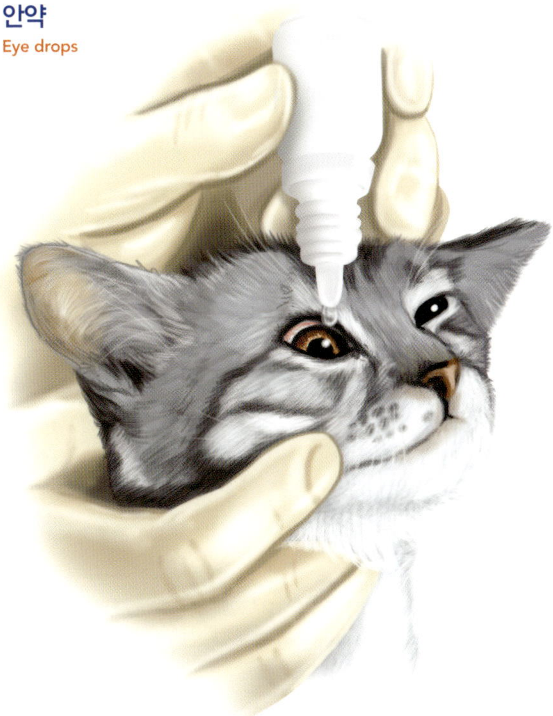

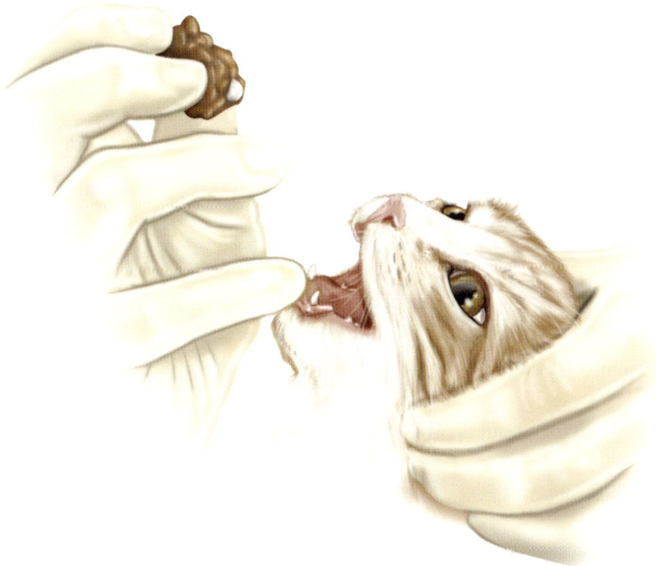

약은 고양이가 평소 먹는 사료와 섞어 주면 안 되는데, 이후 사료를 싫어하게 될 수 있기 때문이다.

구강 경로로 약물 투여

_Administration of drugs by oral route

- 알약은 고기나 빵 혹은 버터로 맛이 느껴지지 않도록 숨길 수 있다.
- 독시사이클린이나 클린다마이신 같은 약을 복용시킨 후에는 즉시 주사기를 이용하여 꼭 물을 먹여야 한다.
- 알약은 으깨서 물이나 달콤한 우유와 함께 줄 수 있다. (수의사가 필요하다고 판단 시)
- 알약 총을 주사기 대신 사용할 수 있다.

84 고양이의 표현과 자세 _Postures and expressions in cats

고양이의 공격적인 자세

고양이의 평상시 자세

85 신생고양이 관리 _Neonate management

생후 가장 좋은 것은 어미가 돌보도록 하는 것이다. 만약 어미가 모성본능을 갖고 있지 않다면 즉시 도와줘야 한다. 기도를 닦고 새끼 고양이를 말려줘서 호흡을 하도록 자극해야 한다. 24시간 후 새끼 고양이를 조심히 들어 성별과 건강한지를 확인한다. 새끼 고양이는 조용한 공간에 적절한 온도를 맞춰주고 음식과 물그릇을 보금자리 가까이에 두며 지내도록 한다.

새끼 고양이는 엄마의 젖을 먹을 때와 같이 배를 바닥에 대고 머리를 뻗어 먹는 자연스러운 자세로 우유를 급여한다. 새끼 고양이는 앞다리를 젖병 꼭지나 급여자의 손에 올릴 수 있어야 한다. 젖병은 매 사용 후 세척하고 하루 최소 한 번 소독해야 한다.

첫 3~4주령에는 항문 주위를 따뜻하고 축축한 면봉으로 부드럽게 마사지하여 배뇨와 배변을 촉진시켜준다.

어미가 없는 새끼 고양이 관리 _Orphaned kitten care

- 따뜻하고 일정한 주변 온도 (램프, 뜨거운 물병, 담요 등을 이용)
  - 1주령: 30~32℃
  - 2주령: 26~29℃
  - 3주령부터: 21~24℃
- 깨끗하고 안락한 공간, 외풍이 불지 않도록 함 (예: 최소 15 cm 높이의 박스에 담요나 수건을 넣어줌
- 먹이 주기: 새끼 고양이를 위한 유아용 유동식, 따뜻하게 줄 것 (35~38℃), 첫 주에는 매 2~3시간 간격으로 주사기나 젖병으로 급여한다(젖병꼭지가 있어서 우유가 기도로 넘어가지 않도록 되어있는 용기).

수의사와 보호자가 함께 보는

반려동물 아틀라스 시리즈 2판

고양이

Pet Owner Educational Atlas:
CATS

2판 1쇄 2023년 4월 17일

리 뷰 어 Ma Luisa Palmero Colado
감 수 윤화영
역 자 정나래
발 행 인 유성권
편 집 장 이재선
기 획 유지인
마 케 팅 임태완, 김호철, 최성규, 김진형, 정명한,
김모란, 노예련, 한태수, 박소영
판 형 220 × 280 mm

펴 낸 곳 범문에듀케이션
주 소 서울시 양천구 목동서로 211 범문빌딩 (우 07995)
전 화 02)2654-5131 팩 스 02)2652-1500
홈페이지 www.medicalplus.co.kr

등 록 제 2011-000001호
I S B N 979-11-5943-384-9 (93520)

편집 · 디자인 (주)우일미디어디지텍

* 잘못된 책은 교환하여 드립니다.